BIBLIOTEKA »REČ I MISAO«

KOLO X
KNJIGA 235

ŽAN DE LABRIJER

KARAKTERI ILI NARAVI OVOGA VEKA

(Izbor)

IZDAVAČKO PREDUZEĆE »RAD«
BEOGRAD 1969

NASLOV ORIGINALA

La Bruyère

LES CARACTÈRES OU LES MOEURS
DE CE SIÈCLE

Urednik
DUŠANKA PEROVIĆ

Izbor, prevod, napomene i pogovor
LJILJANE PROŠIĆ

O DELIMA DUHA

Sve je rečeno, i odveć je kasno, tokom više od sedam hiljada godina, otkako postoje ljudi koji misle. Što se tiče običaja, najlepše i najbolje je iscrpeno; mi tek pabirčimo posle starih i najveštijih među modernima.

Preostaje samo to da se tačno misli i govori, ne podređujući druge našem ukusu i našim osećanjima, a to je više nego veliki pothvat.

Napraviti knjigu, to je zanat kao i napraviti časovnik; potrebno je imati nešto više, a ne samo duha, pa biti pisac. Jedan je činovnik po svojim zaslugama bio od najdostojanstvenijih; bio je okretan i vičan u poslu; odštampao je delo o moralu izuzetno smešno.

Nije lako načiniti sebi ime uz pomoć savršenog dela, kao što je lako uzdići osrednje delo imenom koje smo prethodno stekli.

Satirično delo, ili delo koje sadrži činjenice, koje u rukopisu tajno kruži, pod uslovom da tako i ostane, iako osrednje, smatra se za čudesno; štampanje je podvodni greben.

Ako se većini dela o moralu oduzme napomena čitaocu, posveta, predgovor, sadržaj, pohvale kritike, preostaje tek toliko stranica koje teško mogu zaslužiti naziv knjige.

Ima izvesnih stvari čija je osrednjost nepodnošljiva; poezija, muzika, slikarstvo, javni govor.

Kako je užasno mučenje kad slušate pompezno izdeklamovan neki hladan govor ili osrednje stihove izgovorene uza svu naduvenost lošeg pesnika!

Izvesni pesnici su skloni, u drami, dugim nizovima pompeznih stihova koji izgledaju ubedljivi, nadahnuti i ispunjeni velikim osećanjima; narod požudno sluša, prevrnutih očiju i otvorenih usta, veruje da mu se to sviđa, i, u srazmeri s njegovim nerazumevanjem, njegovo zadivljenje se uvećava; on nema vremena da diše, jedva stiže da uzvikne i zaplješka; verovao sam nekada, u svojoj mladosti, da su ta mesta bila jasna i razumljiva glumcima, parteru i amfiteatru, i da su njihovi autori nesumnjivo znali šta hoće, a da sam ja, uprkos

3

svoj pažnji koju sam posvećivao njihovom pripovedanju, bio kriv što ništa ne razumem: uvideo sam svoju pogrešku.

Do dan-danas nije nastalo nijedno remek-delo duha koje bi bilo tvorevina većeg broja pisaca: Homer je sačinio *Ilijadu,* Vergilije *Enejidu,* Tit Livije svoje *Dekade,* a rimski Orator svoje *Besede.*

U umetnosti postoji jedna tačka savršenstva, kao što su dobrota i zrelost u prirodi: onaj koji je oseća i voli, ima istančan ukus, onaj pak koji to ne oseća, i koji voli ispod ili iznad nje, ima nesavršen ukus. Postoji, dakle, dobar i rđav ukus, i o ukusima se ne raspravlja bezrazložno.

Mnogo više ima naprasitosti negoli ukusa u ljudi ili, bolje rečeno, malo je ljudi čiji je duh propraćen pouzdanim ukusom i oštroumnom kritikom.

Život junaka je obogatio istoriju, a istorija je ulepšala dela junaka. Stoga ne znam ko kome više duguje: da li oni koji su napisali istoriju onima koji su joj pružili tako uzvišenu građu ili ti veliki ljudi svojim istoričarima.

Mnoštvo epiteta, to je loša pohvala; činjenice jedino veličaju, kao i način na koji se iznose.

Sav duh jednog stvaraoca sastoji se u pravilnom određivanju i slikanju. MOJSIJE*, HOMER, PLATON, VERGILIJE, HORACIJE nalaze se iznad ostalih pisaca zahvaljujući svojim izrazima i svojim slikama. Potrebno je izraziti istinito da bismo pisali prirodno, snažno, odmereno.

Bilo je neophodno da se sa stilom učini isto što i s arhitekturom: potpuno je napušten gotski poredak koji je varvarstvo unelo u dvorce i hramove; vraćeni su dorski, jonski, korintski; ono što se jedino moglo videti na ruševinama starog Rima i drevne Grčke, koja ponovo postaje moderna, izbija na našim tremovima i peristilima. Slično tome, mogli bismo, pišući, dostići savršenstvo i, ako je to mogućno, nadvisiti stare tek ako ih oponašamo.

Koliko je vekova proteklo pre nego što su se ljudi, u nauci i umetnosti, mogli vratiti ukusu starih i najzad prihvatiti jednostavno i prirodno!

Hranimo se starima i najveštijim među modernima, cedimo ih, izvlačimo iz njih što više možemo, ispunjavamo njima naša dela; a kada najzad postanemo pisci i mislimo da smo stali na svoje noge, dižemo se protiv njih, zlostavljamo ih, slični toj deci krepkoj i snažnoj od dobrog mleka kojim su nadojena, koja tuku svoje dadilje.

---

* Iako ga ne smatraju za pisca. — (*Prim. Labrijerova.*)

Jedan moderan pisac najčešće dokazuje da smo mi iznad starih na dva načina: zdravim razumom i primerom; zdrav razum on izvlači iz svog vlastitog ukusa, a primer iz svojih dela.

On priznaje da stari, ma kako neujednačeni i loši bili, imaju i dobrih mesta; on ih navodi, i tako su lepa da se zbog njih čita njegova kritika.

Nekoliko veštih pisaca izjašnjava se u prilog starih na štetu modernih, ali oni su sumnjivi i kao da sude sebi u korist, jer su im dela načinjena po ugledu na stara: njihov sud se ne prihvata.

Trebalo bi da ljudi vole da čitaju svoja dela onima koji su dovoljno upućeni da ih ispravljaju i cene.

Cepidlačenje je ne primati savet ili ispravku za svoje delo.

Potrebno je da pisac s istom skromnošću primi i pohvale i kritike za svoja dela.

U okviru svih raznolikih izraza koji iskazuju tek jednu našu misao, samo je jedan onaj pravi; ne srećemo ga uvek kada govorimo i pišemo. Istina je, međutim, da on postoji, da je sve ostalo slabo i da ne zadovoljava čoveka od duha koji želi da ga shvate.

Dobar pisac, koji savesno piše, često oseti da je izraz, za kojim je odavno tragao ne poznajući ga, i koji je najzad pronašao, bio najjednostavniji, najprirodniji, da izgleda da je trebalo da se javi odmah i bez muke.

Oni koji pišu po svojoj ćudi primorani su da doteruju svoja dela; kako ćud nije uvek stalna i menja se prema okolnostima, oni se uskoro hlade prema izrazima i rečima do kojih im je bilo najviše stalo.

Ista tačnost duha koja nas upućuje na pisanje dobrih dela čini da strahujemo od toga da ona nisu dovoljno dobra da bi zaslužila čitanje.

Osrednji duh veruje da piše božanstveno; pravi duh veruje da piše odmereno.

Pozvali su me, kaže *Arist*, da pročitam svoja dela *Zoilu;* ja sam to i učinio: isprva su ga osvojila, i pre nego što je imao vremena da ih smatra lošim, skromno ih je pohvalio u mom prisustvu, a od tada ih nije nikome više hvalio. Ja mu opraštam, jer i ne tražim više od jednog pisca; ja ga čak žalim što je slušao te lepe stvari koje sam nije napisao.

Oni koji su po svom položaju lišeni spisateljske zavisti imaju ili strasti ili potrebe koje ih odvajaju i čine hladnima pred tuđim zamislima; skoro niko nije u stanju, po sklonostima svoga duha, srca i svoje sudbine, da se prepusti zadovoljstvu koje pruža savršenstvo jednog dela.

Zadovoljstvo kritičara lišava nas toga da budemo duboko dirnuti lepim stvarima.

Većina ljudi ide dotle da oseti vrednost rukopisa koji im se čita, oni se ne mogu izjasniti u njegovu korist sve dok ne vide kakvu će cenu taj rukopis steći u svetu pomoću štampe ili kakva će mu sudbina biti među mudrima; oni ne izriču smeono svoje sudove, žele da ih gomila nosi i mnoštvo povlači; tada govore da su prvi prihvatili to delo, a da je javnost njihovog mišljenja.

Ti ljudi propuštaju najlepšu priliku da nas uvere u svoju sposobnost i pronicljivost da umeju da sude, da smatraju dobrim ono što je dobro, a boljim ono što je bolje. Lepo delo im padne pod ruku, to je prvenac nekog pisca koji još nije stekao veliko ime; nema ništa što bi govorilo njemu u prilog; nije potrebno udvarati mu se ili laskati moćnicima tapšući njegovom delu. Ne tražimo vam, *Zeloti*, da se razvičete: »To je remek-delo duha; čovečanstvo nije stvorilo ništa bolje; eto dokle može da se vine ljudska reč; u budućnosti će se suditi o nečijem ukusu isključivo u srazmeri s onim što on bude pokazao prema ovom komadu.« Preterane rečenice, odvratne, koje zaudaraju na internat ili opatiju, šteteći i onome što je za pohvalu i što želimo da hvalimo. Zašto jednostavno ne kažete: »To je dobra knjiga«; vi to kažete, istina je, zajedno sa čitavom Francuskom, sa strancima kao i sa zemljacima, tek kad je knjiga štampana širom Evrope i prevedena na nekoliko jezika: ali, prekasno je.

Neki ljudi, koji su pročitali jedno delo, navode odlomke čiji smisao nisu shvatili, a koje još više kvare time što im dodaju nešto od svoga; tada te rečenice, tako iskvarene i izobličene, koje nisu ništa drugo do njihove misli i izrazi, izlažu kritici, smatraju ih slabim, i čitav se svet slaže da su takve; ali mesto u delu koje ti kritičari misle da navode, a u stvari ga ne navode, i pored toga nije ništa slabije.

»Šta kažete o *Hermodorovoj* knjizi? — Slaba je, odgovara *Antim*. — Slaba? — Takva je, nastavi on, da i nije knjiga, i ne zaslužuje da svet o njoj govori. — A jeste li je pročitali? — »Ne«, reče Antim. Zašto i to ne doda da su je *Fulvije* i *Melanije* osudili ne pročitavši je, a da je on Fulvijev i Melanijev prijatelj?

Arsen s najviše tačke svoga duha posmatra ljude, i iz udaljenosti iz koje ih vidi kao da je prestravljen njihovom malenkošću. Hvaljen, ushićen, i nošen na nebesa od nekih ljudi koji su se između sebe zakleli da će se uzajamno obožavati, on veruje, uz pomoć nekih svojih osobina, da poseduje sve što se može posedovati, a što, u stvari, neće nikada imati.

Zauzet i ispunjen tim uzvišenim mislima, jedva ima slobodnog vremena da izgovori po neko proročanstvo; izdignut svojom prirodom iznad ljudskih osuda, on ostavlja prostim dušama valjanost urednog i jednoličnog života, i jedino je odgovoran za te svoje nepostojanosti onom krugu prijatelja koji te iste nepostojanosti okivaju u zvezde; samo oni znaju da rasuđuju, znaju da misle, znaju da pišu, moraju da pišu; nema druge tvorevine duha tako dobro primljene među svetom i tako potpuno prihvaćene od uglađenih ljudi, ja ne kažem koju bi on pohvalio, već udostojio čitanja; nesposoban da se popravi pomoću ove slike koju neće pročitati.

Teokrin poznaje dosta nekorisne stvari; ima uvek jedinstvena osećanja; plići je nego što je metodičan, služi se samo svojim pamćenjem; nejasan je, pun prezira, i kao da se uvek u sebi podsmeva onima za koje veruje da ga nisu dostojni. Slučaj je hteo da mu pročitam svoje delo; on ga sluša; tek što je pročitano, govori mi o svome. »Šta misli o vašem?« reći ćete mi. Već sam vam kazao, govori mi o svome.

Nema tako savršenog dela koje se pod naletima kritike ne bi u potpunosti izgubilo, pod uslovom da njegov pisac sluša sve kritičare od kojih svaki oduzima mesto koje mu se najmanje dopada.

Proverena je činjenica da, ukoliko deset ljudi želi da izbriše iz jedne knjige neki izraz ili osećanje, lako se nađe isti broj onih koji će prigovoriti. Jedni uzvikuju: »Zašto izostavljati tu misao? Ona je nova, lepa i divno iskazana«; drugi, naprotiv, tvrde da bi oni tu misao zanemarili ili bi je iskazali na drugi način. »Ima jedan izraz u vašem delu, kažu jedni, koji je pogođen i slika predmet u prirodnom obliku.« — »Postoji jedna reč, kažu drugi, nasumce bačena, a koja, uostalom, ne označuje u dovoljnoj meri ono što biste možda hteli da izrazite.« A svi se ti ljudi o istoj misli, istoj reči tako izjašnjavaju, premda su svi stručnjaci ili se smatraju za takve. Kakav izbor može da napravi takav pisac sem da prihvati mišljenje onih koji mu povlađuju?

Ozbiljan pisac nema potrebu da svoj duh opterećuje svim ludorijama, svim prljavštinama, zajedljivim izrazima koji se mogu izreći i svim neumesnim primedbama koje se mogu napraviti na račun nekih mesta u njegovom delu, ali nema potrebu ni da ih izbacuje; on je uveren, ma kako brižljivo i tačno pisali, da je hladna podsmešljivost podrugljivaca neizbežno zlo, i da im najbolje stvari najčešće služe da u njima otkriju gluposti.

Kad bi se verovalo nekim hitrim i odvažnim duhovima, izrazi bi bili suvišni da iskažu osećanja; trebalo bi im govoriti pomoću znakova ili se sporazumevati bez reči. Ma kako se trudili da budemo zbijeni i sažeti, i ma kako bili na glasu kao takvi, oni će nas smatrati opširnim: potrebno je ostaviti im da sve upotpune i pisati isključivo za njih; oni shvate rečenicu pomoću reči kojom ona počinje, čitavo poglavlje iz jedne jedine rečenice; ako im pročitate samo jedno mesto iz dela, to je sasvim dosta, oni su upućeni i poznaju delo. Niz zagonetki predstavlja im zabavu u čitanju i za njih je prava propast što je taj nepotpuni stil, koji ih zanosi, redak i što mu se malo pisaca priklanja. Poređenja kao što su ona s rekom čiji je tok, iako brz, jednolik i ravnomeran, ili ona s požarom koji se, raspaljen vetrovima, proteže daleko kroz šumu gde sagoreva hrastove i borove, ne pružaju im nikakve dokaze o rečitosti; pokažite im vatromet koji će ih iznenaditi ili munju koja će ih zaslepiti, i oni neće zahtevati od vas ni dobro ni lepo.

Kakav silan raskorak od lepog dela do dela savršenog ili ujednačenog! Ne znam da li je do sada pronađeno delo ove poslednje vrste. Možda je retkim genijima lakše da dosegnu veliko i uzvišeno nego da izbegnu mnogostruke greške. *Sidu* je od rođenja samo jedan glas išao u prilog, to je bio glas divljenja; pokazao se jači od vlasti i politike, koji su bezuspešno pokušali da ga unište; on je sjedinio za sebe duhove uvek podeljenog mišljenja i osećanja; plemstvo i narod; svi se slažu s tim da ga znaju napamet i da ga došaptavaju glumcima koji ga govore. *Sid* je, najzad, jedna od najlepših pesama koje se mogu napisati, a jedna od najboljih kritika načinjenih o bilo kojem predmetu je upravo ona o *Sidu*.

Kad vam neko delo uzvisi duh i kad u vama pobudi plemenita i odvažna osećanja, ne tražite drugo pravilo kako biste o njemu sudili: ono je dobro i načinjeno rukom majstora.

Kapis[1], koji se izdaje za ocenjivača lepog stila, i koji veruje da piše kao BUHUR[2] i RABITEN[3], odupire se javnom mnenju i sam izjavljuje da *Damis* nije dobar pisac. Damis popušta mnoštvu i naivno tvrdi, zajedno s publikom, da je Kapis hladan spisatelj.

Zadatak raznosača novosti je da kaže: »Postoji izvesna knjiga koja kruži, a koja je štampana kod Kramoazija[4] u takvom i takvom slogu; dobro je povezana i na lepoj hartiji; prodaje se po toj i toj ceni.« On mora da zna čak i zaštitni znak knjižara koji je prodaje; njegova ludost je u tome što na njoj gradi svoju kritiku.

Vrhunski domet raznosača novosti, to je njegovo šuplje rasuđivanje o politici.

Raznosač novosti mirno leže uveče s nekom novošću koja u toku noći zastari i koju mora da napusti ujutru dok se budi.

Filozof provede svoj život u posmatranju ljudi, on se koristi svojim duhom da bi raspravljao o njihovim porocima i smešnim stranama; ako on dâ neki obrt svojim mislima, on to ne čini iz taštine pisca, već da bi istinu, na koju je naišao, izvukao na svetlost dana, kako bi stvorio utisak koji će služiti njegovoj nameri. Neki čitaoci, međutim, veruju da su mu se stostruko odužili ako vanredno vešto kažu da su pročitali njegovu knjigu i da tu ima duha; ali, on im odbacuje sve pohvale koje nije tražio svojim radom i bdenjima: on usmerava na više svoje namere i radi u smislu jednog uzvišenijeg cilja; on traži od ljudi veću i ređu slavu nego što su to hvale, čak i nagrade, a to je da ih učini boljima.

Glupaci čitaju knjigu i uopšte je ne shvataju; osrednji duhovi veruju da je savršeno poimaju; veliki duhovi je ponekad ne poimaju u potpunosti: njima se čini da je nejasno ono što je nejasno, kao što im se čini jasnim ono što je jasno; retki duhovi žele da im je nejasno ono što to ni najmanje nije, i da ne shvate ono što je veoma razumljivo.

Neki pisac uzalud pokušava da izazove divljenje svojim delom. Glupaci se ponekad i dive, ali to su glupaci. Ljudi od duha nose u sebi klice svih istina i svih osećanja; njima ništa nije novo; oni se malo dive; oni odobravaju.

Ne znam da li će se u pisma ikada unositi više duha, više veštine, više ukrasa i više stila nego što je to slučaj s pismima BALZAKOVIM[5] i VOATIROVIM[6]; ta pisma su lišena osećanja koja su zavladala tek od njihovog doba, a za čije rođenje treba da zahvalimo ženama. Žene idu dalje od nas u toj vrsti pisanja; pod njihovim perom rađaju se obrti i izrazi koji su u nas vrlo često proizvod dugog rada i napornog traganja; s lakoćom biraju izraze i primenjuju ih do te mere tačno da, ma kako oni poznati bili, zadržavaju draž nepoznatog i kao da su načinjeni isključivo za onu namenu zbog koje su i upotrebljeni. Samo one znaju da u jednoj jedinoj reči otkriju čitavo osećanje i da istančano iskažu istančanu misao; one imaju nedostižnu povezanost govora, koji teče prirodno, a čija je spona jedino smisao. Kad bi žene bile stalno besprekorne, usudio bih se da kažem da bi pisma nekolicine njih možda bila ono što je u našem jeziku najbolje napisano.

TERENCIJU[7] je nedostajalo tek to da bude manje hladan: kakva čistota, kakva tačnost, kakva uljudnost, kakva otmenost, kakvi karakteri! MOLIJERU je nedostajalo tek to da izbegne žargon i varvarizam i da piše čisto: kakav žar, kakva prostodušnost, kakav izvor dobre zabave, kakvo oponašanje običaja, kakve slike i kakvo mlatilo smeha! Ali kakvog bismo tek čoveka mogli napraviti od ta dva komediografa!

Čitao sam MALERBA[8] i TEOFILA[9]; obojica su poznavali prirodu, s tom razlikom što prvi, punim i ujednačenim stilom, pokazuje istovremeno sve što je u njoj najlepše i najplemenitije, najprostodušnije i najjednostavnije; on od toga pravi sliku ili priču. Drugi, ne birajući, bez tačnosti, slobodnog i neujednačenog pera, čas opterećuje svoje opise, upušta se u pojedinosti: on pravi raščlanjivanja; čas slika, čas preteruje, čas prelazi preko istine u prirodi: on od nje pravi roman.

RONSAR[10] i BALZAK su svaki u svom rodu imali dovoljno dobrog i slabog da stvore posle sebe vrlo velike ljude u stihu i u prozi.

MARO[11], svojom veštinom i stilom, kao da je pisao posle RONSARA; između prvog i nas razlika se sastoji tek u nekim rečima.

RONSAR i pisci koji su mu bili savremenici naneli su stilu više štete nego što su mu koristili; zaustavili su ga na njegovom putu ka savršenstvu, izložili ga opasnosti da to savršenstvo bude zauvek promašeno i da mu se nikad ne vrati. Čudno je da MAROOVA dela, tako prirodna i vešta, nisu načinila od RONSARA, uostalom, punog zanosa i nadahnuća, većeg pesnika nego što je RONSAR i MARO, a, naprotiv, da su BELO[12], ŽODEL[13] i DI BARTAS[14] bili odmah popraćeni jednim RAKANOM[15] i MALERBOM, i da je naš jezik, tek što je bio iskvaren, ponovo pročišćen.

MAROU i RABLEU[16] ne može se oprostiti što su u svojim spisima posejali prljavštinu: obojica su imala dovoljno genija i prirodnosti da to ne učine, čak i u odnosu na one koji kod nekog pisca traže ne toliko da se dive koliko da se smeju. Rable je pogotovo neshvatljiv: njegova knjiga predstavlja, ma šta mi kazali, nerazjašnjenu tajnu; to je čudovište, to je lice lepe žene s nogama i repom zmije, ili kakve druge bezobličnije zveri; to je čudovišni spoj tananog i veštog morala i nečiste razvratnosti. Tamo gde je slab, daleko nadvisuje najgore: to je čarolija podlosti; tamo gde je dobar, ide do izvrsnog i sjajnog, može predstavljati najfiniju gozbu.

Dva pisca su u svojim delima osudila MONTENJA[17], za koga mislim, kao i za njih, da nije lišen svake osude; izgleda da ga obojica ni u kom slučaju nisu cenila. Prvi nije dovoljno mislio da bi mogao uživati u piscu koji puno misli; drugi misli i suviše istančano da bi se mogao prilagoditi tako prirodnim mislima.

Strog, ozbiljan i brižljiv stil daleko vodi. Čitamo AMIJOA[18] i KEFTOA[19]; i kojeg još od njihovih savremenika? BALZAK je, po rečima i izrazima, mlađi od VOATIRA; ali, ako ovaj poslednji, po veštini, po duhu i prirodnosti, nije moderan i ni po čemu ne sliči našim piscima, znači da im je bilo lakše da ga zapostave nego da mu podražavaju, i da ga mali broj onih koji trče za njim ne može dostići.

G**H**[20] je ispod svake kritike; postoji mnoštvo drugih dela koja su mu slična. Isto je tako dosetljivo obogatiti se glupom knjigom, koliko je ludo kupiti je; ne poigrati se ponekad velikim budalaštinama, to znači ne poznavati ukus naroda.

Jasno se vidi da je *Opera* nagoveštaj velike predstave: ona navodi na takvu pretpostavku.

Ne znam kako je *Opera*, s tako savršenom muzikom i uz skoro kraljevski izdatak, učinila da se dosađujem.

U *Operi* postoje mesta koja žude promeni; dogodi nam se ponekad da poželimo kraj predstave; to je zbog nedostataka čarolije, radnje i stvari koje privlače pažnju.

Opera, do današnjeg dana, nije pesma, jer pesmu čine stihovi; niti je uzbudljiva predstava otkako su sprave iščezle zahvaljujući dobroj brizi *Amfiona*[21] i njegovog roda: ona je, pre svega, koncert, ili glasovi praćeni instrumentima. Reći, kao što se kaže, da je pozorišna sprava tek igračka za decu i da priliči Lutkarskom pozorištu, znači prevariti se i negovati loš ukus: ta sprava uvećava i ulepšava maštu, održava u gledaocima blago uobraženje koje čini svu draž pozorišta, gde ona još uvek rasipa čudesno. *Berenikama* i *Penelopi*[22] nisu potrebni letovi, ni kočije, a ni promene: sve to je potrebno *Operama*, a osobina te predstave je da drži duh, oči, uši u neprekidnoj čaroliji.

Ti marljivci su načinili pozorište, sprave, balete, stihove, muziku, svu predstavu, pa i dvoranu gde se predstava održala, mislim na krov i četiri zida od samog temelja. Ko sumnja da lov na vodi, čarolija stola, čudo Lavirinta[23] nisu jedan od njihovih izuma? Ja o tome sudim po kretnjama koje ispoljavaju i po zadovoljnom izgledu dok sami sebi čestitaju, naročito za uspeh. Ako se varam, i ako ni u čemu nisu doprineli tom tako divnom, tako otmenom, tako dugo slavljenom prazniku, a gde bi samo jedan čovek bio dovoljan za nacrt i uloženi novac, divim se dvema stvarima: mirnoći i pribranosti onoga koji je sve pokrenuo, kao i neprilici i užurbanosti onih koji u tome nisu uopšte učestvovali.

Znalci, ili oni koji veruju da su takvi, igraju presudnu i odlučnu ulogu kad su u pitanju predstave, povlače se i dele na suprotne tabore, gde se svaki, podstaknut sasvim drugim interesom od interesa publike ili pravičnosti, divi jednoj pesmi ili muzici, a negoduje protiv sveg ostalog. Oni podjednako štete, tim žarom kojim brane svoja predubeđenja, i suprotnoj i svojoj stranci; oni nebrojenim suprotnostima pokolebaju pesnike i muzičare, usporavaju napredak naukâ i umetnosti, uskraćujući im plod koji bi pobrali iz takmičenja i slobode nekolicine izvrsnih majstora da svaki u svom rodu, i po svom nadahnuću, načini prelepa dela.

Zbog čega se tako slobodno smejemo u pozorištu, a istovremeno se stidimo da u njemu zaplačemo? Zar je prirodi čovekovoj manje svojstveno da se razneži nad jadnim nego da prasne u smeh nad smešnim? Da nas ne zadržava izobličenje lika? Ono je veće u neumerenom smehu negoli u najčemernijoj patnji, a okrećemo lice da bismo se smejali, kao i da bismo plakali, u prisustvu moćnika i svih onih koje poštujemo. Osećamo li se neugodno da pokažemo svoju razneženost, i da ispoljimo izvesne slabosti, posebno kada je predmet lažan i kada izgleda da smo podlegli varki? Ali, ne računajući ozbiljne osobe ili čvrste duhove koji nalaze slabosti kako u preteranom smehu tako i u suzama, i koji sebi ne dopuštaju ni jedno, ni drugo, šta da očekujemo od tragične scene? Da zasmeje? A zar, uostalom, istina u njoj ne vlada pomoću slikâ isto tako živo kao i u komediji? Zar duša ne dotiče istinu u jednoj i u drugoj vrsti, pre nego što se uzbudi? i zar joj je tako lako ugoditi? ne treba li joj još i verovatnost? Kao što, najzad, nije tako čudnovato čuti kako se u čitavom pozorištu, na nekom mestu u komediji, diže sveopšti smeh, a da on, naprotiv, izgleda prijatan i vrlo prirodno ispoljen, tako i veliko naprezanje da zadržimo suze i bolni osmeh kojim želimo da prigušimo te suze jasno pokazuju da bi prirodno delovanje prave tragedije bilo u tome da izazove iskreni i sporazumni plač jednih pred drugima, a da nas u tome jedino ometa brisanje suza; pored toga što smo se složili da se prepustimo svojim osećanjima, uvidećemo još da često treba manje strepeti od toga da ćemo u pozorištu plakati nego da ćemo se u njemu dosađivati.

Tragična poema vam steže srce od samog početka, u celokupnom svom razvoju jedva vam ostavlja slobodu da predahnete i vremena da se priberete, ili, ukoliko vam pruži malo odmora, to je zato da vas baci u nove bezdane i u nove nemire; ona vas vodi do strave putem milosrđa ili, obrnuto, do milosrđa kroz stravično; upravlja vas kroz suze, jecaje, kroz neizvesnost, kroz nadanje, kroz strah, kroz iznenađenja i užase do potpune propasti. To, dakle, nije splet lepih osećanja, nežnih priznanja, otmenih razgovora, prijatnih likova, *slatkih* reči, a ponekad i reči koje su dovoljno zabavne da zasmeju, splet propraćen, uistinu, poslednjom scenom gde tvrdoglavci neće da dođu k sebi i gde, najzad, zbog pristalosti, ima prolivene krvi i po neki nesrećnik koga to staje života.

Nije uopšte dovoljno da pozorišni karakteri ne budu negativni, potrebno je uz to da budu prikladni i poučni; tu može da se sretne šala, tako niska i tako neotesana, ili čak otrcana i nezanimljiva, da pesniku nije dozvoljeno da joj posveti pažnju, niti je gledalac u mogućnosti da se njome razonodi. Seljanin ili pijanac omogućuju piscu farsi nekoliko scena: ali oni teško mogu da uđu u pravu komediju. Kako bi oni mogli da postanu potka i glavna radnja komedije? Da li su ti karakteri, pitamo se, prirodni? Ali, ako budemo poštovali to pravilo, ispunićemo celo pozorište sluganima koji zvižde, bolesnicima, pijancima koji spavaju ili povraćaju. Ima li išta prirodnije? Osobina nekog razmaženka je da se kasno budi, da jedan deo dana provodi u doterivanju, posmatrajući se u ogledalu, u puderisanju, u stavljanju veštačkih madeža, u primanju pisama i pisanju odgovora: dovedite tog junaka na scenu i što se duže bude pojavljivao, jedan, dva čina, biće sve prirodniji i podobniji svome originalu; ali će još više biti hladan i otužan.

Izgleda da roman i komedija mogu da imaju isto tako korisno koliko i štetno dejstvo; tu srećemo tako velike primere postojanosti, hrabrosti, nežnosti i nesebičnosti, tako lepe i savršene karaktere, da se čudim kako neka mlada osoba može, kad odatle pogleda na sve što je okružuje, nalazeći samo predmete nedostojne i sasvim ispod onoga čemu se upravo divila, da pokaže prema njima i najmanje slabosti.

KORNEJA[24] je nemogućno dostići na mestima gde on nenadmašno vlada: on se u tom slučaju služi karakterom originalnim i nedostižnim, ali neujednačenim. Njegove prve komedije su nezanimljive, otegnute, i nisu nagoveštavale da bi trebalo tako daleko dospeti, kao što poslednje izazivaju čuđenje kako je mogao pasti s takve visine. U nekim od njegovih najboljih komada postoje neoprostiva ogrešenja o običaje, deklamatorski stil koji zaustavlja radnju čineći je dosadnom, nedoteranosti u stihovima i u izrazu, što je neshvatljivo za jednog tako velikog čoveka. Ono što je kod njega najodličnije, to je duh, koji je bio uzvišen i kojem duguje neke najbolje stihove koje smo, uostalom, bilo kada čitali, razvoj svoga pozorišta koji je ponekad smelo upravio protiv pravila starih, i, najzad, svoje rasplete, pošto se nije uvek podređivao ukusu Grka i njihovoj velikoj jednostavnosti; on je, naprotiv, voleo da scenu pretrpa raspletima iz kojih je skoro uvek izlazio kao pobednik, izvrstan naročito po krajnjoj raznovrsnosti i veoma maloj srodnosti po tematici među tolikim pesmama koje je napisao. Izgleda da postoji veća sličnost među RASINOVIM[25] pesmama koje su često upravljene prema jednoj te istoj stvari; ali, Rasin je ujednačen, uzvišen, uvek i na svakom mestu isti, bilo u nameri ili u razvoju svojih komada koji su tačni, koji poštuju pravila i koji su u skladu sa zdravim razumom i prirodom; bilo u versifikaciji koja je pravilna, s bogatim rimama, dostojanstvena, ritmična, skladna; kao pravom podražavaocu starih, čiju je jasnost i jednostavnost radnje brižljivo pratio, njemu nije nedostajalo veliko i čudesno, kao što Korneju nije nedostajalo dirljivo i patetično. Ima li veće ljubavi od one koja je utkana u čitavog *Sida, Polijekta* ili *Braću Horacije?* Kakva veličina počiva u *Mitridatu*, u *Poru* i *Buru!* Te strasti, omiljene još i kod starih, koje su pisci tragedija rado izazivali na pozornici, a koje nazivamo strahom i sažaljenjem, nisu bile nepoznate dvojici pesnika; ovo dokazuju Orest u Rasinovoj *Andromahi*, kao i *Fedra*, a isto tako i *Edip* i *Braća Horacije* od Korneja. Ako bi, međutim, bilo dozvoljeno da načinimo nekoliko upoređenja i da i jednog i drugog označimo onim što najbolje imaju i što najčešće izbija iz njihovih dela, možda bismo mogli ovako zaključiti: Kornej nas podređuje svojim karakterima i mislima, Rasin se ravna prema našima; Kornej slika ljude onakve kakvi bi trebalo da budu, Rasin ih slika onakve kakvi jesu; kog prvog ima više onoga što izaziva divljenje i što bi trebalo da oponašamo, kao drugog ima više onoga što zapažamo u ljudima i što nosimo duboko u sebi; prvi uzvisuje, iznenađuje, vlada, poučava; drugi nam je drag, pokreće nas, tiče, prožima; jedan se služio onim što je najdivnije, najplemenitije i najpreče u razumu, a drugi onim što je najzavodljivije i najprefinjenije u strasti; kod jednog su izreke, pravila ponašanja, pouke, a kod drugog ukus i osećanja; Kornejeva dela nas više navode na razmišljanje, a Rasinova u nama bude uzbuđenje i ganutost; Kornej je moralniji, Rasin prirodniji; izgleda da jedan oponaša SOFOKLA[26], a da drugi više duguje EVRIPIDU[27].

Svet smatra da je rečit onaj koji s lakoćom sâm, i dugo, govori, uz žestoke kretnje, zvonkim glasom i snagom grudi; pedanti to odobravaju samo u javnom govoru i takvu rečitost ne razlikuju od nagomilavanja figura, od korišćenja velikih reči i nategnutih rečenica.

Izgleda da je logika sposobnost da ljude ubedimo u neku istinu, a da je rečitost dar duše kojim postajemo gospodari srca i duha drugih i pomoću kojeg ih uveravamo i pobuđujemo u njima sve ono do čega nam je stalo.

Rečitost se može sresti u razgovorima i u književnosti; retko je tamo gde tragamo za njom, a ponekad se nađe tamo gde je i ne očekujemo.

Rečitost je u odnosu na uzvišeni stil isto što i celina u odnosu na svoje delove.

Šta je uzvišeni stil? Kao da nema definicije. Da li je on slikovit izraz? da li nastaje iz slikovitih izraza ili, možda, iz nekih slikovitih izraza? Da li svakoj vrsti pisanja priliči uzvišeni stil ili su samo veliki predmeti u stanju da ga podnesu? Može li se pastirska pesma odlikovati nečim drugim sem lepom prirodnošću, a prijateljska pisma ili razgovor nečim drugim sem nežnošću? ili, još tačnije, zar prirodnost i nežnost nisu oblik uzvišenoga u delima koja na taj način postaju savršena? Šta je uzvišeni stil? gde ga primeniti?

Sinonimi predstavljaju više načina govorenja ili više različitih rečenica koje označavaju jedno te isto. Antiteza je suprotnost dveju istina koje jedna drugu objašnjavaju. Metafora, ili poređenje, uzima od neke tuđe stvari jasnu i prirodnu sliku istine. Hiperbola izražava više od same istine kako bi privolela duh da je bolje spozna. Uzvišeni stil odražava jedino istinu, ali u plemenitom predmetu; odražava je potpunu, kroz njeno nastajanje i posledice; on je izraz ili najvrednija slika te istine. Osrednji duhovi ne nalaze jedini odgovarajući izraz i pribegavaju sinonimima. Mlade ljude zanosi blesak antiteze i oni se koriste njome. Istinski duhovi, koji vole da slikaju tačno, sasvim prirodno se služe poređenjem i metaforom. Hitri duhovi, puni žestine, koji pomoću velike mašte zanemaruju granice pravila i tačnosti, neprestano tragaju za hiperbolom; što se tiče uzvišenog stila, dorasli su mu tek najuzvišeniji među genijima.

Svaki je pisac, kako bi jasno pisao, obavezan da sebe zamisli na mestu svojih čitalaca, da proveri vlastito delo kao nešto što je za njega novo, što čita prvi put, gde nema udela, kao delo koje je pisac poverio njegovoj kritici, i da se potom uveri da je shvaćen ne samo zato što samog sebe razume već zato što je zaista jasan.

Pišemo tek da bismo bili shvaćeni, ali potrebno je, bar dok pišemo, da iskažemo lepe stvari; treba da se služimo jasnim načinom govora i pravim izrazima, to je neosporno, ali ti tako tačni izrazi treba da iskazuju plemenite misli, žive, sadržajne i koje u sebi nose vrlo lep smisao; staviti čistotu i jasnoću stila u službu hladne, neplodne građe, bez duha, nekorisne, i bez imalo novine, znači zloupotrebiti ih; kakvu korist imaju čitaoci od toga što lako i bez muke shvataju prazna i detinja-sta dela, ponekad neukusna i prosta, i što su manje nesigurni u piščevu misao nego što su ozlojeđeni njegovim delom.

Ako pisac daje dublji smisao onome što piše, ako upotreb-ljava istančane obrte i ponekad preveliku osetljivost, to je samo zato što ima lepo mišljenje o onima koji ga čitaju.

Postoji neprijatnost koju doživljavamo dok čitamo knjige koje su napisali pripadnici neke stranke ili ljudi koji se bave spletkarenjem, a ta neprijatnost je da u tim knjigama ne za-pažamo istinu; činjenice su tu prerušene, suprotni razlozi nisu iskazani u punoj snazi i tačnosti; a ono što nas čini nestrp-ljivim, to je veliki broj grubih i neprijatnih reči koje treba pročitati i koje međusobno izmenjuju ozbiljni ljudi, praveći od gledišta u nauci ili od nekog spornog mesta lični nespora-zum. Glavna osobina ovih dela sastoji se u tome da ona ne zaslužuju ni čudesnu vrednost, koja im se jedno vreme pripi-suje, a ni duboki zaborav u koji tonu u trenutku kad, pošto se vatra i razdor stišaju, postanu zastareli almanasi.

Slava ili ugled nekih ljudi počiva na tome što dobro pišu; a nekih drugih na tome što se uopšte ne bave pisanjem.

Već dvadeset godina pišemo poštujući pravila, robujemo sklopu rečenice, obogatili smo jezik novim rečima, zbacili smo stege latinizma i doveli stil do potpuno francuske reče-nice; skoro smo opet dosegli ritam koji su MALERB i BAL-ZAK prvi primenili, a taj je ritam bio zanemaren kod tolikog broja pisaca posle njih; uneli smo, najzad, u raspravu svu mo-guću jasnost i red, što neosetno vodi produhovljenju.

Postoje umetnici, ili vešti ljudi, čiji je duh isto tako širok koliko umetnost ili naukê koje predaju; oni im, uz pomoć ge-nija i invencije, nadmoćno vraćaju ono što imaju od njih i nji-hovih načela; napuštaju zanat da bi ga oplemenili, odustaju od pravila ako ih ona ne vode nečemu velikom i uzvišenom; stupaju usamljeni i bez pratnje, ali stižu vrlo visoko i dospe-vaju vrlo daleko, uvek sigurni i osnaženi uspehom zbog pred-nosti koje ponekad izvlače iz nepravilnih obrta. Istinski du-hovi, blagi, umereni, ne samo što im nisu ravni, i što ih ne obožavaju već ih i ne shvataju, a još bi manje hteli da ih opo-našaju; oni ostaju mirni u granicama svoje oblasti, idu do tačke koja predstavlja najviši domet njihovih mogućnosti i zna-nja; ne udaljuju se od toga, jer s one strane ne vide ništa; najbolje što mogu to je da se istaknu u drugorazrednim de-lima i da se odlično snalaze u osrednjosti.

Postoje duhovi, ako smem da kažem, niži i drugorazredni i koji kao da su stvoreni da budu zbirka, protokol ili skladište celokupnog stvaralaštva ostalih umova; to su plagijatori, prevodioci, sastavljači; oni ne misle, već kazuju ono što su veliki pisci mislili; a kako je izbor misli invencija, taj izbor je u njihovom slučaju slab, netačan i navodi ih pre na to da iznesu mnoštvo stvari nego one stvari koje su izvrsne; ništa kod njih nije originalno i samo njihovo; znaju isključivo ono što su naučili; a uče jedino ono do čega nikome nije stalo: to je izlišno znanje, neplodno, bez ukrasa i namene, koje se ne uplíce u razgovor, niti u društvo, slično novcu koji više nema vrednosti; istovremeno smo i začuđeni njihovim knjiškim obrazovanjem i preneraženi dosadom koju osećamo dok razgovaramo s njima ili dok čitamo njihova dela. To su ljudi koje moćnici i narod smatraju za naučnike, a koje mudraci uvršćuju u sitničare.

Kritika često nije nauka: to je zanat koji iziskuje više zdravlja nego duha, više truda nego sposobnosti, više vežbe negoli prirodne obdarenosti; ako potiče od čoveka koji ima manju moć rasuđivanja nego što je obrazovan, i ako se odnosi samo na neka poglavlja u delu, ta kritika je podjednako štetna i za čitaoce i za pisca.

Piscu predodređenom da podražava, toliko skromnom da radi po ugledu na druge, savetujem da odabere za primer samo ona dela koja su ispunjena duhom, maštom, pa čak i erudicijom; ako se ne izjednači s originalima, on će im se bar primaći i biće čitan. On, s druge strane, mora da zaobilazi, kao što se izbegava podvodni greben, podražavanje onima koji pišu po svojoj ćudi, koji govore srcem, a kojima to srce pruža reči i izraze i koji izvlače, da tako kažem, iz svoje utrobe sve što iznose na hartiju; ovi uzori su opasni i spremni da gurnu u hladnoću, bezvrednost i grdilo one koji ih budu uporno pratili; stvarno, rugao bih se čoveku koji bi se ozbiljno trudio da govori mojim glasom ili da u licu bude sličan meni.

Čovek koji je rođen kao hrišćanin i Francuz primoran je da neguje satiru; njemu su uskraćeni veliki predmeti; on ih katkad načinje, a zatim se vraća malim stvarima koje otkriva lepotom svoga dara i stila.

Treba izbegavati prazni i dečački stil, iz straha da ne ličimo na *Dorila* i *Andbura;* možemo, naprotiv, u nekoj vrsti pisanja, da se odvažimo na upotrebu živopisnih izraza i metafora i da sažaljevamo one koji ne osećaju zadovoljstvo koje čoveku pričinjava mogućnost da se tim metaforama i izrazima koristi ili da ih čuje.

Onaj koji se, dok piše, drži isključivo ukusa svoga vremena misli više na svoju ličnost nego na svoje spise; potrebno je uvek stremiti ka savršenstvu, i tada će nam potomstvo ukazati priznanje koje su nam savremenici ponekad uskraćivali.

Ne treba tražiti smešno tamo gde ga nema: to vodi pogoršanju vlastitog ukusa, a škodi i našem i tuđem rasuđivanju; ali, ako smešno negde postoji, treba ga otkriti, izvući ga ljupko odatle, na dopadljiv i poučan način.

HORACIJE[28] i DEPREO[29] su ovo isto rekli pre vas, verujem vam na samu reč: ali ja sam to rekao kao svoje. Ne smem li posle njih misliti nešto istinito i što će toliki drugi misliti posle mene!

O ŽENAMA

Muškarci i žene retko imaju isto mišljenje kad se govori o ugledu neke žene; njihovi interesi su veoma različiti; žene se ne dopadaju jedne drugima kad se služe istim sredstvima kojim privlače muškarce; bezbroj načina koji kod ovih pobuđuju velike strasti, kod žena izazivaju gnušanje i odbojnost.

Kod nekih žena primećujemo neprirodnu uzvišenost, koja se ogleda u pokretima očiju, u držanju glave, u načinu hoda, i sve ostaje na tome; zanosni duh koji uliva divljenje, a koji se ceni samo zato što nema dubine. Neke druge imaju iskrenu, prirodnu uzvišenost, neovisnu od pokreta i držanja, čije je središte u srcu, i koja je normalna posledica njihovog visokog roda; tih ugled, ali postojan, s hiljadu vrlina koje, uza svu njihovu smernost, ne mogu ostati prikrivene, koje izviru i koje su vidljive onima koji imaju oči.

Opazio sam želju da se bude devojka, lepa devojka od trinaest do dvadeset i dve godine, a posle toga želju da se postane čovek.

Neke mlade osobe ne znaju u dovoljnoj meri prednosti koje im pruža skladna priroda, a ne znaju ni kako bi im blagotvorno bilo da joj se predaju; one prekrivaju te darove neba, tako dragocene i krhke, usiljenim ophođenjem i nevičnim podražavanjem; boja njihovog glasa i njihovo držanje, sve je to pozajmljeno, one se nanovo stvaraju, proučavaju, gledaju u ogledalu da li su se dovoljno udaljile od svog prirodnog izgleda: ne postižu jednostavno ono zbog čega su manje dopadljive.

Priznajem da žene ne smatraju da je ukrašavanje i puderisanje nešto što se kosi s njihovim načinom mišljenja; to je čak i više nego prerušavanje i maskarada, gde se ne izdajemo za ono što se čini da jesmo, već samo mislimo na to da se sakrijemo i da nas ne prepoznaju: to je težnja da se istaknemo pred očima drugih i da po spoljašnosti izbegnemo istinu; to je jedan oblik laži.

Treba suditi o ženama polazeći od cipela do načina na koji se češljaju, gotovo kao što se meri riba od repa do glave.

Ako je ženama stalo da budu lepe u vlastitim očima i da se same sebi dopadaju, one, bez sumnje, mogu, u izboru nakita i ukrasa, da se prepuste svome ukusu i svojoj ćudi; ali ako žele da se svide muškarcima, ako se za njih puderišu i posipaju crvenilom, prikupio sam glasove i saopštavam im u ime svih muškaraca ili jedne većine, da ih belilo i crvenilo čini užasnim i odbojnim, da ih crvenilo samo stari i prekriva; da podjednako mrze da ih vide s olovnim belilom na licu, a isto tako i s veštačkim vilicama i voštanim kuglama u ustima[30]; da se ozbiljno suprotstavljaju svim veštačkim sredstvima koja žene upotrebljavaju da bi postale ružne; i da, daleko od toga što će zbog ovoga odgovarati pred bogom, reklo bi se, naprotiv, da im je bog ostavio tu poslednju i nepogrešivu mogućnost da izleče žene.

Kad bi žene po prirodi bile onakve kakve postaju uz pomoć veštačkih sredstava, i kad bi u jednom času izgubile svu svežinu svoje puti, i kad bi imale isto tako rumeno i belo lice, ali bez upotrebe crvenila i boje, postale bi neutešne.

Jedna koketa je uporna i večitoj želji da se svidi, a ista je i u mišljenju koje gaji o svojoj lepoti; ona posmatra vreme i godine samo kao nešto što naborava i unakazuje druge žene; ona, štaviše, smeće s uma da su godine ispisane na licu; isti nakit koji je nekada ukrašavao njenu mladost razobličava najzad njenu pojavu, osvetljava mane starosti: prenemaganje i pretvornost pratioci su njenog bola i groznice; ona umire nagizdana i nakićena raznobojnim mašnicama.

Liza čuje kako se priča o nekoj koketi da se bezobzirno pravi mlada i da upotrebljava ukrase koji ne odgovaraju ženi od četrdeset godina; Lizi je punih četrdeset godina, ali godine za nju imaju manje od dvanaest meseci i ona ne stari, bar tako misli; i dok se posmatra u ogledalu, dok stavlja crvenilo na lice i crta madeže, ona prihvata da je nedozvoljeno u izvesnim godinama izigravati mladu osobu, i da je *Klarisa* sa svojim madežima i svojim crvenilom zaista smešna.

Žene se ulepšavaju za svoje ljubavnike, ako im se nadaju; ali ukoliko budu iznenađene, one će zaboraviti na stanje u kojem se nalaze, i potpuno će se zbuniti. Daleko su nemarnije u odnosu na one prema kojima ništa ne osećaju, primećuju nered u kojem se nalaze, uređuju se u njihovom prisustvu ili za časak nestaju, vraćajući se nakinđurene.

Lepo lice je najlepši od svih prizora, a najblaži sklad je glas one koju volimo.

Čar je proizvoljna: lepota je nešto stvarnije i neovisnije od ukusa i mišljenja.

Neke tako savršene i nadaleko čuvene lepotice mogu da nas dirnu, tako da nam je dovoljno da ih gledamo i da im govorimo.

Lepa žena koja ima vrline časnog čoveka najljupkije je društvo na svetu; u njoj su sadržane vrednosti oba pola.

Mladoj ženi slučajno se otmu male stvari koje mnogo toga kazuju i koje osetno laskaju onome kome su upućene: muškarcima skoro ništa ne promiče, njihove ljubaznosti su proračunate; oni govore, rade, udvaraju se, a manje su ubedljivi.

Promenljivost ćudi je u žene veoma bliska lepoti, kako bi bila njen protivotrov i kako bi lepota najzad manje štetila muškarcima koji se bez tog leka ne bi od nje izlečili.

Žene se vežu za muškarce blagošću kojom ih obasipaju, muškarci se izleče zahvaljujući tim istim blagostima.

Žena zaboravi sve kod čoveka koga prestane da voli, čak i blagosti kojima ga je obasipala.

Žena koja ima samo jednog obožavaoca smatra da nije koketa; ona koja ih ima više misli da je samo koketa.

Izvesna žena izbegava da bude koketa čvrstim vezivanjem za samo jednog čoveka, ali je zbog toga smatraju ludom jer je napravila slab izbor.

Stari obožavalac je tako bezvredan da se povlači pred novim mužem, a ovaj tako kratko traje da ga novi ljubavnik koji se pojavi lako smeni.

Stari ljubavnik oseća ili strah ili mržnju prema novom suparniku, zavisno od toga kakva je žena kojoj služi.

Često starom ljubavniku, uz ženu koja ga drži kraj sebe, nedostaje jedino zvanje muža: to je, štaviše, dobro jer bi bio sto puta izgubljen bez te srećne okolnosti.

Izgleda da ljubav u ženi samo uvećava kaćiperstvo; s druge strane, koketan muškarac je nešto gore od zaljubljenog; koketan muškarac i zaljubljena žena spadaju u isti red.

Malo je tajnih ljubavi; mnoge je žene lakše prepoznati po imenu njihovih ljubavnika nego po imenu njihovih muževa.

Ljubavnica želi da je vole, koketi je dovoljno da je smatraju ljupkom i lepom: ljubavnica ima potrebu da veže ljude, koketa da im se svidi; prva niže jednu vezu za drugom, a druga se istovremeno zabavlja na više strana; nad jednom caruje strast i zadovoljstvo, drugom vlada taština i lakomislenost; ljubav je slabost srca, a možda i telesni greh, koketerija je poremećenost duha; ljubavnice se plašimo, koketu mrzimo. Iz ova dva karaktera dalo bi se izvući gotovo toliko da se napravi treći, koji bi bio najgori.

Slaba žena je ona kojoj se prebacuje za grešku, a koju i ona sama sebi prebacuje, kojoj je srce jače od razuma, koja hoće da se izleči, a koja se neće izlečiti nikada, ili s velikim zakašnjenjem.

Nestalna je ona žena koja prestane da voli, laka je ona koja već misli na drugog, lakomislena je žena koja ne zna da li voli i šta voli, ravnodušna je ona koja ništa ne voli.

Neverstvo je, ako smem da kažem, laž celokupne ličnosti: to je kod žene veština da upotrebi neku reč ili pokret kako bi zavarala, a ponekad veština da pribegne zakletvama i obećanjima koja će pogaziti s istom lakoćom s kojom ih je iskazala.

Neverna žena je, ako je kao takvu poznaje zainteresovana osoba, samo neverna; ako je smatra vernom, podmukla je.

Jedina dobra strana ženskog neverstva je ta što nas leči od ljubomore.

Neke žene u toku svog života održavaju dvostruku vezu, koju je isto tako teško raskinuti koliko i prikriti; jednoj nedostaje samo bračni ugovor, drugoj srce.

Kad bismo sudili o ovoj ženi prema njenoj lepoti, mladosti, ponositosti i oholosti, svako je uveren da će onaj koji opčara njeno srce biti junak: njen izbor je tu, malo čudovište kome nedostaje duha.

Ima žena već uvelih, koje su sasvim prirodno, zbog naravi ili loše ćudi, utočište mladih i siromašnih ljudi. Ne znam koga treba više žaliti, ili ženu već u godinama koja ne može bez ljubavnika ili ljubavnika kome je potrebna stara žena.

Onaj koga izbace s dvora prihvaćen je u gradskom salonu gde nadmašuje sudiju, iako ovaj ima kravatu i sivo odelo, kao i građanina opasanog mačem, on ih baca u senku i postaje gospodar situacije; slušaju ga, vole; nemoguće je odupreti se i na trenutak zlatnoj lenti i belom peru — čoveku koji *razgovara s kraljem i posećuje ministre*. On svud oko sebe seje ljubomoru; obožavaju ga, zavide mu: a četiri milje odatle sažaljevaju ga.

Čovek iz grada predstavlja za ženu iz provincije ono što čovek s dvora predstavlja za ženu iz grada.

Uobraženom, neumesnom čoveku, koji je slatkorečiv i podrugljiv, koji o sebi govori samopouzdano, a o drugima s prezirom, čoveku silovitom, naduvenom, preduzimljivom, bez karaktera i poštenja, bez ikakve moći rasuđivanja i s neograničenom maštom, potrebno je tek da ima lep izgled i lepo držanje da bi mu se divile mnoge žene.

Da li je to zbog tajanstvenosti ili zbog pokondirenog ukusa što ta i ta žena voli svoga slugu, neka druga kaluđera, a *Dorina* svog lečnika?

Roskije[31] je čaroban kad se pojavi na sceni, da, *Lelija*, a dodajem i to da su mu noge lepo izvajane, da dobro glumi i duže uloge i da bi tek savršeno deklamovao, nedostaje mu jedino, što bi rekli, da govori ustima; ali, zar je on jedini koji oseća zadovoljstvo u onome što radi, i da li je ono što on radi najplemenitiji i najčasniji posao koji se dâ obavljati? Uostalom, Roskije vam ne može pripasti pošto pripada drugoj, a, i da to nije tako, on je već zauzet: *Klaudija* čeka samo da mu dosadi *Mesalina*. Uzmite *Batila*, Lelija: gde biste našli, neću da kažem u redu vitezova koje prezirete ili među lakrdijašima, mladića koji se tako visoko baca u igri i koji je bolji u skoku? Možda biste hteli skakača *Kobisa*, koji se, bacivši noge napred, jedanput okrene u vazduhu pre nego što padne na tle? Žar vam nije poznato da on više nije mlad? Za *Batila*, reći ćete, mnoge se otimaju, i on više žena odbije nego što ih usliši; ali preostaje vam *Drakon*, flautista: niko drugi od ljudi koji se bave tim zanatom ne napreže svoje obraze duvajući u obou ili flautu kao što čini on, jer velik je niz instrumenata kojima uliva moć govora; uostalom, on je zabavan, te zasmejava čak i decu i babe. Ko od Drakona više pojede i popije samo za jedan obrok? on čitavo društvo opije i poslednji klone. Uzdišete, Lelija; da se Drakon nije već odlučio, ili su vas, na nesreću, preteklí? Nije li najzad dao obećanje *Cezoniji*, koja ga je progonila, i koja je zbog njega žrtvovala mnoštvo ljubavnika, rekao bih najvrlije Rimljane? Cezoniji koja je iz patricijske porodice, koja je tako mlada, koja je tako lepa i ozbiljna? Sažaljevam vas, Lelija, ako ste podlegli talasu nove želje koju tolike Rimljanke gaje prema onima koje nazivamo slavnim ljudima, a koji su po svom položaju izloženi očima sveta: šta ćete kad vam otmu najbolje iz tog roda? Onda preostaje *Bront*, dželat; narod samo o njegovoj silini i umešnosti priča; to je mladić plećat i nabijen, uostalom crnac, čovek tamnoput.

Za žene iz visokog društva vrtlar je vrtlar, a zidar je zidar; za neke druge, usamljenije, zidar je čovek, vrtlar je čovek. Sve je iskušenje za one koji ga se plaše.

Neke žene obdaruju manastire i ljubavnike; otmene i darežljive, one imaju svoja mesta uza sam oltar, gde čitaju ljubavna pisma, a gde niko ne vidi da se uopšte ne mole bogu.

Kakva je ona žena koju moralno usmeravaju? ugađa li svome mužu, da li je blaža prema sluganima, odanija porodici i poslovima, vatrenija i iskrenija u odnosu prema prijateljima, koja je manje podložna svojim ćudima, manje predana vlastitom koristoljublju, koja manje voli lagođnosti života; ne kažem da bude darežljiva prema svojoj već imućnoj deci, već da im uzvrati pravednošću koju su zaslužila; koja bi u većoj meri bila lišena ljubavi prema samoj sebi i nepristupačnosti, oslobođena svih ljudskih odnosa? Ne, reći ćete, nije stvar u tome. Ja sam uporan i pitam: kakva je ta žena koju moralno usmeravaju? Razumem vas: to je žena koja ima dušebrižnika.

Ako se ispovednik i dušebrižnik ne slože o nekom pravilu o vladanju, ko će biti onaj treći koga će žena uzeti kao dopunskog suca?

Za ženu nije od najveće važnosti da ima dušebrižnika, već da živi tako jednostavno da joj on i nije potreban.

Kad bi žena smela da kaže svom ispovedniku, uz ostale slabosti, i one koje ima prema svom dušebrižniku, i kad bi priznala koliko vremena troši u razgovorima s njim, možda bi joj za kaznu bilo određeno da ga se odrekne.

Hteo bih da mi bude dopušteno da iz sve snage vičem tim svetim ljudima koje su nekoć žene uvredile: »Izbegavajte žene, i ne strepite za njih: prepustite drugima brigu o njihovom spasenju.«

I suviše je za muža kad ima kaćiperku i ženu koja je pobožna: žena bi morala da se odluči.

Izbegavao sam da to kažem, i mučio sam se s toga, ali najzad mi se omaklo, i ja se, štaviše, nadam da će moja iskrenost koristiti onim ženama koje, pošto im je malo da imaju jednog ispovednika za svoje vladanje, ne prave nikakvu razliku oko izbora dušebrižnika. Ne mogu da se povratim od čuđenja i zaprepašćenja kad ugledam neke ljude, čija ću imena prećutati; razrogačim oči, posmatram ih; oni govore, pažljivo slušam; raspitujem se, saopštavaju mi činjenice, sabiram ih i ne razumem kako ličnosti kod kojih se sve kosi s razumom, pameću, društvenim iskustvom, poznavanjem ljudi, naukom o religiji i običajima misle da bog treba da obnovi u naše vreme čudo Svetog duha, i to na njima, omogućivši im, ma kako one bile prostog i sitnog duha, da upravljaju dušama, vršeći najtananiju i najuzvišeniju dužnost koja se može zamisliti; a ako te ličnosti, naprotiv, osećaju da su rođene za tako uzvišen poziv, tako težak i poveren malom broju ljudi, i ako još ubede i same sebe da na taj način razvijaju svoje prirodne sklonosti i slede svoj pravi poziv, onda tek ništa ne razumem.

Dobro vidim da je želja za čuvanjem porodičnih tajni, za učešćem u izmirenjima, porukama ili nameštenju posluge, želja da vam vrata moćnika budu širom otvorena, da obedujete za bogatim trpezama, da se šetate gradom u kočijama i da se divno odmarate na selu, da vidite kako se mnoge ugledne i otmene ličnosti raspituju za vaš život i zdravlje, da sve ljudske interese okrenete sebi i svojima; još jednom, dobro vidim da je sve ovo pokrenulo tobožnji besprekorni izgovor za brigu o dušama, i razasulo po svetu taj neiscrpni rasadnik dušebrižnika.

Pobožnost dođe nekima, a naročito ženama, kao strast, ili kao slabost u određenim godinama, ili kao moda koju treba slediti; te žene su nekoć brojale sedmice po danima određenim za kockanje, predstavu, koncert, bal pod maskama ili lepu propoved; ponedeljkom su išle da troše novac kod *Ismene,* utorkom vreme kod *Klimene,* a sredom svoj dobar glas kod *Selimene;* već su dan unapred osećale sve radosti koje će doći sutra i prekosutra; uživale su istovremeno u zadovoljstvima današnjice i u onima koja će pouzdano doći; poželele bi da sva ta zadovoljstva sakupe u jedan jedini dan, praveći od toga svoju jedinu brigu i razonodu, i kad bi se u to vreme našle u Operi, bilo bi im žao što nisu u Komediji. Druga vremena, drugi običaji: idu do krajnosti u strogom i usamljeničkom životu, više ne otvaraju oči s kojima su se rodile da gledaju, ne koriste se više svojim čulima ni u kakve svrhe i, što je najčudnije, malo govore; još uvek misle dobro o sebi, a loše o drugima; kod njih nastaje takmičenje u vrlini i preobražaju, a to je u čvrstoj vezi s ljubomorom; nije im mrsko da prednjače u ovom načinu života, isto kao što su prednjačile u onom životu kojeg su se upravo lišile iz lukavstva ili iz dosade; radosno su se gubile u ljubavi, u gošćenju i besposličenju, a sad se tužno gube u taštini i zavisti.

Ermase, ako uzmem za ženu onu koja je tvrda srca, moje blago neće propasti; uzmem li onu koja juri za kockom, mogao bih se obogatiti; uzmem li učenu, ona će znati da me savetuje; uzmem li stidljivu, nećemo se svađati; uzmem li svadljivu, učiće me strpljenju; uzmem li kaćiperku, želeće da mi se svidi; uzmem li ljubavnicu, možda će me na kraju i zavoleti; ali, ako uzmem bogomoljku*, kažite, Ermase, čemu da se nadam od one koja hoće da prevari boga, a vara samu sebe?

Ženom je lako vladati, samo ako se čovek malo pomuči oko toga; dešava se da jedan vlada mnogima; neguje im duh i pamćenje, određuje im i učvršćuje veru, podešava čak i njihovo srce; one ne odobravaju, niti zameraju, niti hvale, niti osuđuju bilo šta dok ne potraže njegove oči i njegovo lice; on je ključar njihovih radosti i žalosti, želja, zavisti, mržnja i ljubavi: on raskida njihove ljubavne veze, zavađa ih i miri s muževima, i koristi se međuvlašćem. On vodi brigu o njihovim poslovima, vodi parnice, i sastaje se s njihovim advokatima; ustupa im svog lečnika, svog trgovca, svoje radnike; upliće se

---

* Lažna bogomoljka. — *(Prim. Labrijerova.)*

kad je u pitanju njihov dom, njihov nameštaj, i raspolaže njihovom poslugom. Viđa se s njima u kočiji, po gradskim ulicama i na šetalištima, u njihovoj klupi za vreme propovedi, i u njihovoj loži u Komediji; zajedno s njima ide u posete, prati ih iz lečilišta, na lekovite izvore i prilikom putovanja; njegov apartman je najudobniji u njihovom zamku. On stari, ali njegova vlast ne slabi, malo duha i mnogo slobodnog vremena dovoljno je da je sačuva; deca, naslednici, snaha, nećaka, sluge, svi oni zavise od njega. U početku su ga cenili, na kraju ga se plaše. Taj tako divan prijatelj, bez koga se nije moglo, umire neoplakan, a deset žena koje je tiranisao dobija slobodu njegovom smrću.

Bilo je žena koje su htele da svoje ponašanje skriju plaštom smernosti, a sve što je svaka od njih mogla da zaradi tim pretvaranjem koje se nikada nije oporeklo, bilo je to da se o njoj govorilo: »Svako bi pomislio da je vestalka.«

Najjači dokaz o jasnom i postojano dobrom ugledu nekih žena sastoji se u tome što taj ugled nije nimalo ugrožen prijateljstvom s pojedinim ženama koje im nisu nalik, i što, i pored sve težnje za zlobnim tumačenjima, pribegavamo sasvim različitom objašnjenju tog prijateljstva, ali objašnjenju koje ne podrazumeva moralnu podudarnost.

Glumac na sceni preteruje tumačeći svoje likove, pesnik opterećuje svoje opise, slikar koji se ugleda na prirodu pospešuje i preteruje u strastima, razlikama, stavovima; a onaj koji precrtava, ukoliko ne meri šestarom veličine i proporcije, uvećava figure, daje svim delovima koji ulaze u kompoziciju njegove slike više prostora nego što zapremaju na originalu: u tom smislu možemo smatrati da je preterana čednost podražavanje mudrosti.

Postoji lažna skromnost koja je tašta; lažna slava koja je nestalna; lažna veličina koja je ništavna; lažna vrlina koja je licemerna; lažna mudrost koja je preterano čedna.

Preterano čedna žena osvaja svojim držanjem i rečima, mudra žena osvaja svojim ponašanjem: prva se prepušta svojim ćudima i naravi, druga svome razumu i srcu; jedna je ozbiljna i stroga, druga je u raznim slučajevima baš onakva kakva bi trebalo da bude: prva skriva svoje slabosti dostojanstvenom vanjštinom, druga krije čitavo bogatstvo u slobodnom i prirodnom ponašanju; lažna čednost okiva duh, ne skriva ni starost ni ružnoću, često ih nagoveštava; mudrost, naprotiv, umanjuje telesne nedostatke, uzvisuje duh, ona čini mladost lepšom, a lepotu opasnijom.

Zašto prebacivati muškarcima što žene nisu učene? Kojim je zakonima, ukazima, naredbama bilo zabranjeno ženama da otvore oči i da čitaju, da upamte ono što su pročitale i da to pokažu u razgovorima ili u delima? Zar se one nisu sasvim same priviknu na svoje neznanje, bilo zbog slabosti svoje volje, ili lenjosti duha, ili zbog brige oko svog izgleda, zbog izvesne nepostojanosti koja ih sputava da se posvete dugom izučavanju, ili zbog umešnosti i prirodne obdarenosti za ručne radove, ili zbog zabavnosti koju pričinjavaju sitni kućni poslovi, ili zbog prirodnog odupiranja teškim i ozbiljnim stvarima, ili zbog radoznalosti sasvim različite od one koja donosi duhovna zadovoljstva, ili usled sasvim drukčije želje od one da vežbaju svoje pamćenje? Ali, bilo zbog čega da su krivi za to žensko neznanje, muškarci su presrećni što žene, koje ih, uostalom, nadvisuju u mnogim stvarima, nemaju i tu prednost.

Učenu ženu ljudi posmatraju kao što se posmatra lepo oružje: ono je umetnički izvajano, izvanrednog sjaja i brižne izrade; to je deo zbirke koji se pokazuje radoznalima, a koji ničemu ne služi, niti u ratu niti u lovu, poput vašarskog konjića, pa makar on bio i najuvežbaniji na svetu.

Ako se znanje i razboritost nađu združeni u jednoj istoj osobi, meni više nije važno kojeg je pola ta osoba, ja se divim; a ako mi kažete da razboritoj ženi nije stalo da bude učena, ili da učena žena nije razborita, već ste zaboravili ono što ste upravo pročitali, a to je da su žene udaljene od nauke isključivo zbog nekih nedostataka: dakle, zaključite i sami da će one, srazmerno s tim što će se oslobađati tih nedostataka, biti razboritije; i da će jednoj razboritoj ženi stoga biti lakše da postane učena, kao što je učena žena, pošto je kao takva bila primorana da pobedi mnoge nedostatke, samim tim razboritija.

Teško je ostati po strani među ženama koje su nam u istoj meri prijateljice, i mada su se razišle zbog interesa koji se nas ne tiču; često je potrebno opredeliti se, ili ih izgubiti obe.

Postoji takva žena koja više voli svoj novac nego svoje prijatelje, a ljubavnike više od novca.

Čudnovato je što u srcima nekih žena ima nešto življe i jače od ljubavi prema muškarcima, a to je slavoljublje i kockanje: takve žene čine da se ljudi čedno odnose prema njima, a haljine su im jedini znak njihovog pola.

Žene idu u krajnosti; one su bolje ili gore od muškaraca.

Većini žena nedostaju principi, one se prepuštaju srcu i u pogledu morala podložne su onima koje vole.

Žene idu dalje u ljubavi nego većina muškaraca; ali ih muškarci nadvisuju u prijateljstvu.

Muškarci su razlog što se žene međusobno ne vole.

Oponašanje može biti opasno. *Liza,* već ostarela, koja hoće da napakosti jednoj mladoj ženi, i sama postaje ružna, plaši me; da bi je oponašala, ona se krevelji i uvija: i evo, dovoljno je nakazna da ona koju ismejava može da bude samo lepša.

Za mnoge glupe muškarce i glupe žene smatraju u gradu da nisu lišeni duha; na dvoru smatraju da duha nema baš u onih ljudi koji ga imaju u izobilju, a među ljudima ove poslednje vrste, jedna se lepotica jedva može spasiti u krugu ostalih žena.

Čovek vernije čuva tuđu tajnu nego svoju; žena je, naprotiv, vernija svojoj tajni.

Nema tako žarke ljubavi u srcu mlade žene koju koristoljublje i slavoljublje ne mogu učiniti još većom.

Dođe jedno vreme kad i najbogatije devojke moraju da se nekom privole; propustivši prve prilike, one se spremaju na dugo kajanje; i kao da se glas o njihovom bogatstvu smanjuje zajedno s glasom o njihovoj lepoti: međutim, sve ide na ruku mladoj ženi, pa i mišljenje ljudi, koji joj pripisuju sve prednosti kako bi bila još privlačnija.

Šta je devojaka kojima je velika lepota služila jedino da im ulije nadu u silno bogatstvo!

Lepe devojke se obično svete onim ljubavnicima koje su mučile, udajući se za ružne, stare ili nedostojne muževe.

Većina žena sudi o zaslugama i izgledu nekog čoveka prema utisku koji su o njemu stekle, te žene ne pripisuju gotovo ni jednu od te dve vrline onome prema kome su ravnodušne.

Čovek koji bi želeo da zna da li se menja, da li stari, može da upita oči neke mlade žene kojoj priđe, kao i glas kojim ga ona oslovljava: saznaće najzad ono čega se pribojavao. Surova škola.

O ženi koja uvek upravlja svoj pogled na jednu te istu osobu, ili ga uvek odvraća od te iste osobe, ljudi isto misle.

Ženama je lako da kažu ono što ne osećaju; muškarcima je još lakše da kažu ono što osećaju.

Ponekad se dogodi da žena skriva od muškarca svu ljubav koju gaji prema njemu, dok on, sa svoje strane, glumi i ispoljava ono što ni najmanje ne oseća.

Pretpostavimo da je neki čovek ravnodušan, ali da želi uveriti jednu ženu u strast koju ne oseća; pitanje je, da li mu je lakše obmanuti onu koja ga voli ili onu koja prema njemu ne gaji nikakva osećanja.

Čovek je u stanju da obmane ženu tobožnjom odanošću, ukoliko na drugom mestu nije istinski odan.

Čovek se razbesni kad ga žena više ne voli, i uteši se; žena, kada je napuštena, podnese to tiše i dugo ostaje neutešna.

Ljubav ili sujeta leče ženu od dokolice.

Kod živahnih žena, dokolica je, naprotiv, prvi znak ljubavi.

Žena koja sa zanosom piše verovatno je zanesena; jedino je nejasno da li voli: jaka i nežna ljubav izgleda tužna i tiha, a najveća briga žene koja je lišena slobode, briga koja u nju unosi najveće nemire, nije toliko sadržana u tome da ubedi da voli, koliko da se uveri da je voljena.

Glikera ne voli žene, ne podnosi njihovo društvo i posete, sakriva se od njih, a često i od prijatelja, kojih je malo, prema kojima se strogo odnosi, prema kojima je hladna, ne dopuštajući ništa što prelazi granice prijateljstva; u njihovom društvu je odsutna, odgovara im što kraće može, i kao da traži način kako da ih se oslobodi; usamljena je i kao podivljala u svojoj kući; vrata su joj bolje čuvana, a soba nepristupačnija od *Montoronove* i *Emerijeve;* samo je jedna, *Korina,* ta koju očekuje i prima u svako vreme; nju Glikera ljubi u više navrata, misli da je voli, šapuće joj na uho u prostoriji u kojoj su same, samo je pažljivo sluša, žali joj se na sve druge, svašta joj govori i ne kaže joj ništa, uživa svako poverenje: Glikeru možemo sresti kako učetvoro dolazi na bal, u pozorište, kako odlazi u parkove, prema *Vensenu,* gde se jede prvo voće; ponekad je vide samu u nosiljci na putu za veliko predgrađe gde ima divnu baštu, ili prema *Kanidijinim* vratima, koja zna divne tajne i koja obećava mladim ženama drugo venčanje, ne skrivajući im vreme ni okolnosti; obično izlazi s ravnom i neurednom kosom, u kimonu, bez steznika i s natikačama; lepa je u tom odelu i jedino joj nedostaje mladost; uprkos tome, na njoj se vidi jedan bogati broš koji pažljivo skriva od pogleda svoga muža; ona ga gladi, miluje, svaki dan mu nadeva nova imena, uzglavlje njenog dragog muža njeno je jedino uzglavlje, i ni po koju ga cenu neće napustiti. Izjutra joj vreme prođe u uređivanju i pisanju pisama; jedan oslobođenik joj nešto poverljivo kaže, zove se *Parmenon,* on je ljubimac, a Glikera ga podržava i onda kad mu gospodar nije naklonjen, a kad mu ostala posluga zavidi: jer ko je taj ko bolje od njega prenosi njene namere i donosi odgovor? ko je diskretniji u stvarima koje treba prećutati? ko s manje šuma otvara tajna vrata? ko spretnije uvodi malim stepeništem? ko bolje ispraća istim putem kojim se došlo?

Nije mi jasno kako se muž koji se prepušta svome raspoloženju i naravi, koji ne skriva nijedan svoj nedostatak, i pokazuje se, štaviše, u najgoroj boji, kao tvrdica, aljkav, nagao u svojim odgovorima, nepristojan, hladan i povučen, može nadati da će sačuvati srce jedne mlade žene pred naletima udvarača koji pribegava lepom odelu, raskoši, uslugama, brizi, upornosti, poklonima, laskanju.

Muž nema suparnika koga sam nije stvorio i nekada darovao svojoj ženi; on pred njom hvali njegove blistave zube i lepu glavu; prihvata njegove usluge, zove ga u posetu, a, izuzimajući ono što dolazi s njegovog vlastitog poseda, ništa mu se ne čini tako ukusno kao divljač i gljive koje mu taj prijatelj dostavlja; on poziva na večeru i kaže gostima: »Uživajte u ovome, to je poslao *Leandar,* a staje me tek jedno *veliko hvala.*«

Ima i takvih žena koje unište i pokopaju svog muža dotle da se u društvu za njega i ne zna: sasvim je neizvesno da li je živ ili nije; on u porodici služi jedino kao primer plašljive ćutljivosti i savršene pokornosti; njemu ne pomaže ni bračni ugovor; i s tom razlikom što ne rađa, on je žena, a ona muž; oni čitave mesece provode pod istim krovom, bez i najmanje mogućnosti da se vide, jedino se pouzdano može reći da su susedi. Gospodin isplaćuje pekara i kuvara, a večere su se redovno održavale kod gospođe; često ih ništa ne vezuje, ni postelja, ni sto, čak ni ime, oni žive po grčkom ili rimskom običaju, svako nosi svoje ime i jedino vremenom, i tek pošto smo dobro naučili žargon neke varoši, saznajemo da je gospodin B . . . već dvadeset godina zvanično muž gospođe L . . .

Neka druga žena, kojoj nedostaje nesloga da bi ponizila svoga muža, ne propušta da to učini svojim plemenitim poreklom i vezama, bogatim mirazom koji je donela, čarima svoje lepote, ugledom, onim što neki nazivaju vrlinom.

Malo je tako savršenih žena koje spreče da im se muževi bar jednom na dan ne pokaju što su oženjeni ili ne pozavide onima koji se nisu oženili.

Ne postoje više nemi i tupi bolovi: žene plaču, govore, ponavljaju, tako su dirnute muževljevom smrću da ne zaboravljaju ni najmanju pojedinost.

Zar nema mogućnosti da se pronađe način pomoću kojeg bi nas vlastita žena zavolela.

Neosetljiva je ona žena koja još nije ugledala onoga koga će zavoleti.

Živela jednom u *Smirni* prelepa devojka po imenu *Emira,* a koja je u gradu bila manje poznata po svojoj lepoti nego po strogosti svog dobrog vladanja i ravnodušnosti s kojom se odnosila prema svim ljudima koje je sretala, kako kaže, bez imalo opasnosti i drugih osećanja sem onih koja je gajila prema svojim prijateljicama i svojoj braći; ni najmanje nije verovala svim onim ludostima o kojima se govorilo da ih je ljubav u svim vremenima podsticala, a one koje je i sama videla nije mogla da shvati: poznavala je samo prijateljstvo. Jedna mlada i ljupka osoba, kojoj je dugovala to iskustvo, ispunila ga je takvom blagošću te je Emira želela da to prijateljstvo što duže potraje, i nije mogla ni zamisliti koje bi je drugo osećanje ikada moglo odvojiti od ovog, punog poštovanja i poverenja, koje ju je činilo tako srećnom: govorila je samo o *Eufrozini*, tako je bilo ime te verne prijateljice, a čitava je Smirna pričala samo o njoj i Eufrozini; njihovo je prijateljstvo postalo poslovično. Emira je imala dva mlađa brata, izvanredne lepote, za kojima su sve žene u gradu uzdisale, istina je da ih je uvek volela kao što sestra voli braću. Tu bejaše i nekakav *Jupiterov* sveštenik koji je posećivao njenog oca, i kome se ona svidela, pa se usudio da joj to izjavi, doživevši samo to da bude prezren. Jedan starac koji je, računajući na svoje visoko poreklo i ogromno bogatstvo, imao isto toliko smelosti, doživi istu sudbinu. Ona je, međutim, likovala, a do tada je bila okružena braćom, sveštenikom i starcem i smatrala se neosetljivom. Ali, kao da je nebo htelo da je izloži većim iskušenjima, koja ipak poslužiše samo za to da je načine još oholijom i da pojačaju njen ugled devojke koju ljubav ne može taći. Od tri ljubavnika koja je stekla jednog za drugim zahvaljujući svojim čarima, i čiju strast nije strepela da vidi, prvi, u ljubavnom zanosu, kraj njenih nogu, probode svoje srce; drugi se, zato što nije htela da ga sasluša, u očaju spremi da pogine boreći se na *Kritu,* a treći izdahnu od čežnje i neprospavanih noći. Onaj koji je trebalo da ih osveti još se nije bio pojavio. Taj starac koji je bio tako nesrećan u ljubavi izlečio se misleći na svoje godine i na karakter osobe kojoj je želeo da se svidi; on požele da je i dalje viđa, a ona je to podnosila. Jednoga dana dovede joj svog sina, koji je bio mlad, prijatne spoljašnosti i otmenog držanja; zainteresovano ga je posmatrala, a kako ovaj nije uopšte govorio u prisustvu svoga oca, učini joj se da nema dovoljno duha i htede da ga ima više: sretao ju je i bili su sami, govorio je mnogo i duhovito; ali, kako ju je malo gledao, a još manje govorio o njoj i njenoj lepoti, bi iznenađena i uvređena što joj čovek, tako lepo građen i tako duhovit, nije izrazio divljenje. Pričala je o njemu svojoj prijateljici, ova požele da ga upozna: gledao je sad samo Eufrozinu, govorio joj je da je lepa; a Emira, ta ravnodušnica, najzad ljubomorna, shvati da je *Krezifon* bio ubeđen u ono što je govorio i da nije bio samo pažljiv već i nežan. Od tog vremena manje se poveravala svojoj prijateljici; zažele da ih još jednom vidi zajedno kako bi bila načisto, i drugi put vide mnogo više nego što je strahovala da će videti, i njene sumnje postadoše opravdane: otuđuje se od Eufrozine, ne otkriva više u njoj osobine koje su je opčaravale, ne uživa da s njom raspravlja; ne voli je više, a zbog te promene oseća da je prijateljstvo u njenom srcu ustupilo mesto ljubavi. Ktezifon i Eufrozina viđaju se svakodnevno, vole se, misle na brak, uzimaju se; ta vest se širi gradom, i svako saznaje da su dve duše doživele tu retku sreću da pripadnu jedna drugoj iz ljubavi. Emira to doznaje i pati, oseća sve žešću ljubav i traži Efrozinu samo da bi još jednom videla Ktezifona; ali taj mladi muž je još uvek zaljubljen u svoju ženu i ona je njegova jedina ljubav; on u Emiri vidi tek prijateljicu njemu dragog bića. A ova nesrećnica više ne spava i neće da jede, slabi, njen se razum muti, brata zamenjuje za Ktezifona i govori mu kao ljubavniku; dolazi k sebi, stidi se zbog svoje zablude; uskoro zapada u još groznije greške i više se ne stidi, gubi svest; a onda zazire od ljudi, prekasno, ludilo je tu: ponekad joj se razum vraća i tada jeca što je progledala. Mladež iz Smirne, koja ju je poznavala kao oholu i bezosećajnu, smatra da su je bogovi prestrogo kaznili.

O SRCU

Postoji nešto u čistom prijateljstvu što je nedostižno ljudima koji se rode kao osrednji.

Prijateljstvo može postojati među ljudima različitog pola, lišeno, uostalom, svake čulnosti; ipak žena uvek vidi u muškarcu samo muškarca, i, obrnuto, čovek u ženi vidi samo ženu: ova veza nije ni strast ni čisto prijateljstvo, ona predstavlja posebnu vrstu.

Ljubav se iznenada rađa, bez razmišljanja, zavisno od naravi i slabosti; neka lepa crta nas privuče, predodredi. Prijateljstvo se, naprotiv, stvara postepeno, uz pomoć vremena, iskustva i trajnog druženja. Koliko duha treba među prijateljima, dobrote srca, odanosti, usluga i ljubaznosti, kako bi se za više godina postiglo mnogo manje nego što ponekad, u jednom trenutku, učini neko lepo lice ili lepa ruka!

Vreme koje jača prijateljstvo, gasi ljubav.

Dok ljubav traje, živi sama od sebe, a pokatkad i kroz stvari koje izgleda da će je uništiti, kroz hirove, grubosti, udaljenost i ljubomoru; prijateljstvu je, međutim, potrebna podrška, ono umire u nedostatku pažnje, poverenja i ljubaznosti.

Lakše je sresti preveliku ljubav negoli savršeno prijateljstvo.

Ljubav i prijateljstvo se međusobno isključuju.

Onaj koji je iskusio veliku ljubav, zapušta prijateljstvo, a ona koji se predao prijateljstvu, još nije ništa učinio za ljubav.

Ljubav nastaje kroz ljubav, a najčvršće prijateljstvo može se razviti samo u slabu ljubav.

Ništa nije sličnije velikom prijateljstvu kao te veze koje gajimo za dobro naše ljubavi.

Istinski volimo samo jednom, i to prvi put: kasnije ljubavi postaju mnogo svesnije.

Neočekivane se ljubavi najduže leče.

Ljubav koja buja malo-pomalo i postupno, odveć je slična prijateljstvu da bi bila jaka strast.

Čovek koji voli tek da bi mogao da voli milion puta više nego što voli, uzmiče u ljubavi samo pred onim koji voli više nego što bi hteo.

Ako prihvatim da se zbog jačine velike strasti neko može voleti više od samoga sebe, koga ću više obradovati, da li one koji vole ili one koji su voljeni?

Ljudi bi često hteli da vole, a u tome ne uspevaju; traže svoj poraz i ne nalaze ga, i, ako smem da kažem, prisiljeni su da budu slobodni.

Oni ljudi koji se na samom početku najstrastvenije vole, ubrzo učine, svaki sa svoje strane, da ljubav postane manja, a zatim da sasvim prestane. Teško je doneti sud o tome ko se više zalaže za taj raskid, žena ili muškarac: žene optužuju muškarce da su prevrtljivi, a oni smatraju da su žene nepromišljene.

Ma kako smo osetljivi u ljubavi, voljenoj osobi praštamo više grešaka nego prijatelju.

Činiti svim svojim bićem od nezahvalne osobe vrlo nezahvalnu, to je ljupka osveta prema onome koji mnogo voli.

Tužno je voleti bez velikog bogatstva koje bi nam omogućilo da do kraja obradujemo one koje volimo i da ih do te mere usrećimo da ne požele više ništa.

Ako smo neku ženu strasno ljubili, koja je bila ravnodušna, ma kako nam važne usluge činila kasnije u životu, izlažemo se velikoj opasnosti da joj uzvratimo nezahvalnošću.

Silna zahvalnost podrazumeva veliku naklonost i prijateljstvo prema osobi koja nas je zadužila.

Dovoljno je biti u društvu ljudi koje volimo; sanjariti, pričati, ne govoriti im ništa, misliti na njih, misliti na manje važne stvari, ali uz njih, sve postaje isto.

Kraći je put od mržnje do prijateljstva nego od antipatije do prijateljstva.

Izgleda da antipatija može pre da se pretvori u prijateljstvo nego u ljubav.

U prijateljstvu čovek poverava svoju tajnu, ali u ljubavi ona mu se sama otme.

Mi hoćemo poverenje neke osobe pre nego što smo osvojili njeno srce: onome kome srce pripada nisu potrebni ni upoznavanje ni poverenje, njemu je sve blisko.

U prijateljstvu vidimo samo pogreške koje mogu biti štetne našim prijateljima. U ljubavi, kod onih koje volimo, vidimo samo one mane koje nam zadaju bol.

Samo prvi ljubavni jad, kao i prva pogreška u prijateljstvu, može da nas pouči.

Ako su ljudi nekoć tu nepravednu, čudnovatu i bezrazložnu sumnju nazvali ljubomorom, čini mi se da ova druga ljubomora, kao pravedno, razložno i zasnovano osećanje, zaslužuje drugi naziv.

Ćud igra veliku ulogu u ljubomori, iako ova ne podrazumeva uvek veliku strast; međutim, žarka ljubav bez slabosti izgleda neverovatna.

Često i sami imamo slabosti; patimo od ljubomore i mučimo druge.

One žene koje nas ne štede i koje se svakim povodom koriste kako bi izazvale lj bomoru, ne bi ni u kom slučaju zaslužile našu ljubomoru kad bismo se više oslonili na njihova osećanja i ponašanje nego na sopstveno srce.

Hladnoća i raskid među prijateljima nisu bezrazložni; u ljubavi jedini razlog što ona prestaje je taj što je bila prevelika.

Od nas ne zavisi da li ćemo uvek voleti kao što nije zavisilo ni to da li ćemo uopšte voleti.

Ljubavi umiru iz dosade, a zaborav ih sahranjuje.

Čovek oseti nastanak i prekid ljubavi po tome što iznenada otkrije da je sam.

Prestanak ljubavi je očigledan znak da čovek nije svemoćan i da srce ima svoje granice.

Voleti, to je slabost; izlečiti se, to je opet druga slabost.

Čovek nađe leka u utesi: srce mu ne može pružiti mogućnost da večno plače i voli.

Bilo bi potrebno da u srcu, zbog nekih gubitaka, postoje nepresušni izvori bola. Hrabrost ili duhovna snaga ne pomažu nam da odstranimo veliku patnju: gorko plačemo i duboko smo potreseni; a potom smo tako slabi i površni te nađemo utehu.

Ako se zavoli ružna žena, voli se svim srcem: jer to je ili usled neke nepojmljive slabosti ljubavnika ili još tajnijih i jačih čari nego što su čari lepote.

Dugo se još ljudi sreću po navici i govore da vole jedan drugoga, iako držanje pokazuje da je ljubav već prošla.

Zaboravljati nekoga znači misliti na njega. Ljubav ima to zajedničko s grižom savesti što se izoštrava pomoću misli i sećanja koja budimo u nameri da je se oslobodimo. Trebalo bi, ako je mogućno, ne misliti na svoju strast, jer ćemo je tako prigušiti.

Mi želimo da usrećimo ili, ako je to nemogućno, da postanemo uzrok propasti onih koje volimo.

Žal za voljenim bićem istinska je sreća prema samoj pomisli da bismo mogli živeti s osobom koju mrzimo.

Ma kako nesebični bili u odnosu na one koje volimo, pokatkad je potrebno primorati sebe na ustupak, i velikodušno prihvatiti njihov dar.

Prihvatiti poklon može samo onaj koji oseća istu radost kao i njegov prijatelj koji ga daruje.

Darivanje, to je stav; to nije ni trpljenje zbog vlastitih dobročinstava ni popuštanje pred navaljivanjem ili oskudicom onih koji traže.

Ako smo darivali one koje volimo, ma šta se desilo, neumesno je u bilo kakvim prilikama pomišljati na svoja dobročinstva.

Na latinskom je rečeno da nas mržnja manje staje nego ljubav ili, još bolje, da prijateljstvo teže pada od mržnje: istina je, čovek ne daruje svoje neprijatelje; ali, zar on ništa ne ulaže u osvetu? ili, ako je ugodno i prirodno činiti zlo onima koje mrzimo, zar se isto tako ne osećamo kad činimo dobra dela onima koje volimo? A nije li okrutno i teško ne činiti ih?

Ima izvesnog zadovoljstva u susretu s očima onoga koga smo upravo darovali.

Ne znam da li za dobročinstvo učinjeno nezahvalnom, a stoga i nedostojnom čoveku, postoji neko drugo ime, i da li zaslužuje veću zahvalnost.

Darežljivost se ne ogleda u tome koliko se dalo, već u tome da li se dalo u pravi čas.

Ako je istina da je milosrđe, kao i saučešće, sećanje na nas same, sećanje koje nas stavlja na mesto unesrećenih, zašto im tako malo pružamo u njihovoj sirotinji?

Bolje je izložiti se nezahvalnostima nego ne pomoći siromasima.

Iskustvo nam potvrđuje da je slabost ili popustljivost prema sebi, a strogost prema drugima, jedan te isti greh.

Čovek sviknut na razne patnje, nemilosrdan prema samom sebi, prema drugima je popustljiv samo zahvaljujući svom natprosečnom razumu.

Ma kako nam teško bilo da se staramo o nekom siromahu, jedva nas obraduju nove okolnosti koje ga najzad razreše podređenog položaja u odnosu na nas: isto je tako radost koju osećamo što je naš prijatelj napredovao, poljuljana usled teškog saznanja da je on viši od nas ili da nam je ravan. Stoga je teško biti u saglasnosti sa samim sobom, potrebni su nam oni koji ovise od nas, s tim da nas ništa ne koštaju; mi takođe želimo dobro naših prijatelja, a, ako ono dođe, zadovoljstvo nije prvo osećanje koje nas pri tom obuzme.

Pozivamo, zovemo u goste, stvaramo svoj dom, svoju trpezu, svoje bogatstvo i usluge; još samo da održimo reč.

Dovoljan je samo jedan veran prijatelj, štaviše, velika je stvar što smo ga našli; nemamo dovoljno prijatelja da bismo ih ustupali drugima.

Kad se dovoljno zauzmemo oko nekih ličnosti, te bi trebalo da već zaslužujemo njihovu naklonost, a ako nam to nije pošlo za rukom, postoji još jedan način da steknemo tu naklonost, a to je da ne činimo više ništa.

Živeti sa svojim neprijateljima kao da će nam oni jednoga dana postati prijatelji, a s prijateljima živeti kao da nam mogu postati neprijatelji, nije u skladu sa suštinom mržnje ni sa zakonima prijateljstva: ovo nije moralna maksima, već politika.

Ne treba stvarati neprijatelje od onih koji bi se, kad ih upoznamo, mogli svrstati među naše prijatelje: potrebno je odabrati tako sigurne i krajnje čestite prijatelje da nam oni, kad ne budu naši prijatelji, ne bi zloupotrebili poverenje i bili ljuti neprijatelji.

Ugodno je viđati se sa svojim prijateljima iz naklonosti i poštovanja; žalosno je negovati prijateljstvo iz koristoljublja: to je ravno *prošenju*.

Treba priželjkivati poverenje onih kojima želimo dobro pre nego onih od kojih očekujemo dobro.

Čovek ne leti na istim krilima za svojom srećom kao što to čini kad su u pitanju ništavne stvari i njegovi prohtevi; povođenje za svojim ćudima stvara osećanje slobode, a nasuprot tome, jurišanje za unapređenjem predstavlja ropstvo; prirodno je što priželjkujemo naše unapređenje i što malo radimo na tome da ga ostvarimo, kao što je prirodno da se osećamo dostojni tog unapređenja čak i onda kad ga ne tražimo.

Onaj koji zna da čeka na sreću, koju priželjkuje, ne prepušta se očaju ako se ona ne ostvari, onaj, naprotiv, koji nešto nestrpljivo očekuje, i suviše daje od sebe da bi njegovi napori bili dovoljno krunisani uspehom.

Ima ljudi koji gaje tako žarku i odlučnu želju da, iz straha da im se ne ostvari, ne zaboravljaju ništa od svega što je potrebno učiniti kako se ona zaista ne bi ostvarila.

Stvari koje najviše priželjkujemo ne događaju se, ili, ako se dogode, to nikada nije u ono vreme i u onim okolnostima kad bi nas učinile izuzetno srećnim.

Potrebno je smejati se pre nego ostvarimo sreću, iz straha da ne umremo ne nasmejavši se.

Ukoliko život zaslužuje takvo ime samo zbog toga što je ugodan, onda je on kratak — jer, spojimo li sve sate u kojima smo se prijatno osećali, jedva ćemo od dugog niza godina skrpiti život od nekoliko meseci.

Kako nas drugi teško čine zadovoljnim!

Teško je ne biti pomalo veseo kad umire opak čovek: uživamo u plodu svoje mržnje, i odatle izvlačimo sve što se može, a to je radost zbog njegove pogibije. On najzad umire, ali pod takvim sticajem okolnosti gde nas naši interesi sprečavaju da pokažemo našu radost: on umire ili prerano ili prekasno.

Teško je oholom čoveku da oprosti onome ko ga iznenadi u grešci i ko se s pravom žali na njega; njegova se oholost primiri tek onda kad sve okrene u svoju korist i drugom pokaže da nije u pravu.

Kao što se sve više vezujemo za one ljude kojima činimo dobro, na isti način mrzimo svim bićem one kojima smo naneli veliku uvredu.

Kao što nam je isprva teško da ugušimo osećanje da smo uvređeni, isto nam je tako teško da ga pamtimo posle izvesnog broja godina.

Čovek mrzi i žudi osvetu nad svojim neprijateljem zato što je slab, ali ga lenjost umiri i on se ne sveti.

Prepustiti se nekome da nad nama uspostavi vlast znači biti isto toliko slab koliko i lenj.

Nepravilno je mišljenje da se čovekom može ovladati najednom i bez druge pripreme, u nekom važnom poslu koji je od presudnog značaja za njega i njegove bližnje; odmah bi osetio moć i prevlast koje uzimamo u odnosu na njegov duh i zbacio bi taj jaram iz stida ili ćudljivosti; s njim treba isprobati male stvari, a posle je prelaz do najvećih neizbežan: neki je čovek na početku mogao da jednog drugog pošalje samo na imanje ili da ga vrati u grad, a završio je s tim što mu je izdiktirao testament gde svog sina ograničava na zakonski deo nasledstva.

Da bi se dugo i potpuno vladalo nekim, potrebno je biti blage ruke i što je moguće manje naglašavati njegovu zavisnost.

Izvesni ljudi prepuštaju se do određene granice, a preko nje postaju nepristupačni i neukrotivi; odjednom izgubimo put do njihovog srca i razuma; ni gordost, ni lukavstvo, ni sila, ni umešnost ne mogu ih pridobiti; s tom razlikom što su neki takvi s pravom i osnovano, a nekolicina njih zbog svoje prirode i raspoloženja.

Ima ljudi koji ne poštuju ni razum ni dobronamerne savete, i koji svojevoljno zablude, uplašeni da će ih neko podrediti.

Drugi prihvataju da prijatelji utiču na njih u beznačajnim stvarima, a time sebi obezbeđuju pravo da odlučuju o njima u ozbiljnim i važnim prilikama.

Drans želi da stvori utisak kao da vlada svojim gospodarom, koji kao i ostali svet ne veruje u takvu mogućnost: neprekidno govoriti jednom moćniku u čijoj smo službi, na mestu i u trenutku kad to uopšte ne priliči, šaputati mu tajanstvenim rečima, smejati se do besvesti u njegovom prisustvu, uplitati mu se u reč, postavljati se između njega i njegovih sagovornika, nipodaštavati one koji dolaze da mu ukažu svoje poštovanje ili nestrpljivo iščekivati da odu, stajati razuzdano pored njega, biti zajedno s njim naslanjajući se na kamin, vući ga za rukav, pratiti ga u stopu, izigravati prisnost, osmeliti se, sve to priliči više nekoj ludi nego miljeniku.

Mudrac ne dozvoljava da njime zavladaju, kao što ne traži priliku da drugima vlada; on hoće da razum bude jedina i večna vlast.

Ne bih se protivio da se prepustim, s puno poverenja, razumnoj osobi da sa mnom u svemu upravlja, potpuno i uvek; bio bih siguran da sam na pravom putu, iako se nisam potrudio da o tome sam odlučim; uživao bih mir čoveka nad kojim vlada razum.

Sve su strasti varljive; koliko to mogu, one se pretvaraju u očima drugih; skrivaju se same pred sobom; nema poroka koji na neki način ne liči na bilo koju vrlinu, i koji je ne zloupotrebljava.

Pronađemo pobožnu knjigu, dirne nas; otvorimo li neku drugu o ljubavi, i ona nas uzbudi. Smem li reći da jedino srce izmiruje dva suprotna stava i dopušta ono što je nespojivo?

Ljudi se manje stide svojih zlodela nego slabosti i taštine: otvoreno je nepravedan, prenagljen, zloban, klevetnik, onaj čovek koji, misleći samo na to da ih zataji, skriva svoju ljubav ili želju za uspehom.

Nikada se ne dogodi da kažemo: »Želeo sam uspeh.« Čovek ili žudi za uspehom ili to nikada nije činio; ali dođe vreme kad priznamo da smo voleli.

Ljudi počnu u ljubavi, završavaju u želji za uspehom i često nađu spokojstvo tek kada umru.

Ništa lakše za strast nego da nadvisi razum; najveća njena pobeda je da prevagne kad je u pitanju koristoljublje.

Čovek je društveniji i lakše sklapa veze posredstvom srca nego razumom.

Postoje neka velika osećanja, plemenita i uzvišena dela, za koja treba da zahvalimo ne toliko snazi našeg duha, koliko dobroti naše prirode.

Na svetu nema lepšeg preterivanja od onog u zahvalnosti.

Treba u dobroj meri biti lišen duha ako ga ljubav, pakost, nevolja ne mogu probuditi.

Ima mesta koja nas zadivljuju, ima drugih koja nas uzbude i gde bismo rado živeli.

Čini mi se da mesta uslovljavaju duh, prirodu, strasti, ukus i osećanja.

Samo bi oni koji čine dobra dela bili vredni naše zavidljivosti, kad ne bi postojalo jedno još vrednije rešenje, a to je da se učine još bolja dela: to je slatka osveta onima koji nam zadaju ovu ljubomoru.

Neki ljudi se odupiru ljubavi i pisanju stihova kao dvema slabostima koje se ne mogu priznati; jedna pripada srcu, druga duhu.

Tokom života ponekad ima tako dragih uživanja i tako nežnih odnosa koje ne smemo da otkrijemo, te je prirodno poželeti da oni budu dozvoljeni: ove čari nadvisuje samo ona koja se sastoji u odricanju punom vrline.

O BLAGOSTANJU

Veoma bogat čovek može da jede međujela, da islika tavanicu i alkove, da uživa u jednom dvorcu na selu i drugom u gradu, da ima veliku pratnju, da primi vojvodu u svoju porodicu, a da od sina napravi velikaša: sve je to pravedno i u njegovoj moći; ali drugima je, možda, dodeljeno da žive zadovoljni.

Visoko poreklo ili veliko blago nagoveštavaju ugled i ranije ga ističu.

Ono što umanjuje krivicu umišljenog čoveka, ukoliko se obogatio, to je briga s kojom mu svet dodeljuje ugled koji nikad nije imao i koji je tako velik da poveruje da ga je sam stekao.

Kako počasti i blaga nestaju, ona ostavljaju u čoveku smešne strane koje su prikrivali i koje su tu postojale, a da ih niko nije primećivao.

Da li bismo ikada mogli zamisliti čudnovatu nejednakost koju među ljudima čini veća ili manja količina novca, kad tu pojavu ne bismo videli vlastitim očima?

Ta veća ili manja količina novca predodređuje nas za vojsku, pravosuđe ili crkvu; skoro da i nema drugog zvanja.

Dva su trgovca živela u susedstvu i bavila se istim poslom, doživela su potom različitu sudbinu. Svaki od njih imao je kćerku jedinicu, zajedno su othranjene i proživele u onoj bliskosti koja je posledica istih godina i istih životnih uslova: jedna od njih, kako bi se izvukla iz krajnjeg siromaštva, traži nameštenje, ulazi u službu neke vrlo otmene dame, jedne od prvih na dvoru, kod svoje bivše prijateljice.

Ako bankar propadne, dvorani o njemu kažu: »To je čovek iz gradskog staleža, ništavan, nespretnjaković«; ako uspe, traže ruku njegove kćerke.

Neki ljudi su u mladosti izučavali zanat, da bi ostatak života proveli obavljajući drugi, veoma različit.

Jedan čovek je ružan, niskog rasta, nema duha; šapnu mi na uho: »Ima pedeset hiljada livara prihoda«; to se samo njega tiče, i neće mi biti ni bolje ni gore, ako ga počnem gledati

41

drugim očima; a ukoliko ne mogu učini drukčije, kakva glupost!

Uzaludan je pokušaj da se ismeje vrlo glup i vrlo bogat čovek; oni koji ismejavaju na njegovoj su strani.

N***, sa svojim neotesanim i divljim vratarom, koji podseća na Švajcarca; s predvorjem i predsobljem, tek da bi tu ostavio nekoga da čami i dangubi, tek da bi se napokon pojavio ozbiljnog izgleda i odmerenog koraka, saslušavši ukratko posetioca i ne isprativši ga, ma kako bio neznatna ličnost, on će u tom trenutku u očima drugih izgledati veoma ugledan.

Evo me, *Klitifone*, na vašim vratima; potreba da vas vidim tera me iz mog kreveta i sobe: o, da su bogovi sprečili da budem vaš klijent i onaj koji vam dosađuje! Vaši mi robovi kažu da ste se zatvorili i da me možete primiti tek za jedan sat; vraćam se pre nego što je isteklo vreme koje su mi označili, a oni mi kažu da ste izišli. Klitifone, šta je to što tako predano radite u najpovučenijem delu vašeg stana, te ste sprečeni da me uslišite? Sređujete spise, proveravate spisak, potpisujete, parafirate. Hteo sam da vas pitam samo jednu stvarčicu, i vi ste mogli da mi odgovorite na najkraći način, sa da ili ne. Da li vi želite da budete jedinstveni? Pomozite onima koji ovise od vas i postaćete takvi pre nego kad ne dozvoljavate da vas vide. O, značajni čoveče, pun poslova, kad na vas dođe red da tražite moje usluge, dođite u samoću moje radne sobe, filozof je pristupačan, neću vam reći da dođete neki drugi dan; zatećí ćete me nad Platonovim knjigama koje raspravljaju o duhovnosti duše i o njenoj odvojenosti od tela, ili s perom u ruci, dok računam rastojanje između Saturna i Jupitera. Divim se bogu i njegovim delima, i žudim da saznanjem istine usmerim svoj duh i postanem bolji. Uđite, sva vrata su vam otvorena, moje predsoblje ne služi zato da se dosađujete dok me čekate, dođite do mene bez ikakvih najava: vi donosite nešto dragocenije od srebra i zlata ako mi svojim dolaskom dajete priliku da vam učinim uslugu. Kažite: šta mogu da učinim za vas? Treba li da ostavim svoje knjige, svoje učenje, svoje delo, taj započeti red? Kako je taj prekid srećan za mene ako od njega imate koristi. Poslovan čovek, koji barata novcem, to je medved kojeg je teško pripitomiti; teško ćete ga videti u njegovoj izbi: šta kažem? nećete ga uopšte videti, jer ga isprva još ne možete videti, a ubrzo ga sasvim ne vidite. Književnik je, naprotiv, svakodnevan kao putokaz na trgovima; svi ga vide, u svako doba i u svakoj prilici, za stolom, u postelji, neodevenog, odevenog, zdravog ili bolesnog; on ne može da bude značajan, on to i ne želi.

Nemojmo zavideti nekim ljudima na njihovom velikom bogatstvu: stekli su ga na mukotrpan način, koji nama ne bi mogao da bude prihvatljiv; uložili su u to svoje spokojstvo, svoje zdravlje, svoju čast i svoju savest: to je prevelika cena, a u takvom poslu ništa se ne može ućariti.

Razni P. T. S.[32] pobuđuju u nama sve strasti: prvo prezir zbog njihovog mračnog izgleda; zatim zavist, pa mržnju, pa strah, katkad poštovanje i bojazan; naš život ipak dovoljno traje te na kraju osetimo i sažaljenje.

Sozije je, zahvaljujući jednom malom prihodu, od slugana postao podzakupac; i raznim utajama, nasiljem i zloupotrebama, na kojima je izgradio svoje *moći,* on se najzad, upropastivši prethodno nekoliko porodica, uzdigao do izvesne časti: pošto je otkupio plemićku titulu, preostalo mu je samo još to da bude ugledan čovek: položaj crkvenog starešine učinio je i to čudo.

Arfira je pešačila sama prema velikom portiku Svetog** s udaljenog sedišta je slušala propoved nekog karmelićana ili učenog crkvenjaka kojeg je posmatrala samo iskosa, i čije su reči jedva dopirale do njenog uha; njeno poštovanje je izazivalo sumnju, a njena pobožnost je bila poznata kao i ona: njen muž je postao zakupnik; kakvo neverovatno bogatstvo za manje od šest godina! U crkvu stiže samo u kočijama, pridržavaju joj teške skute, propovednik zastaje dok ona seda; sad ga vidi spreda, čuje svaku njegovu reč i svaki pokret; sveštenici se utrkuju oko toga ko će je ispovediti, svi žele da je razreše greha, a to na kraju učini glavom sam župnik.

Kreza sahranjuju: od njegovog silnog bogatstva, stečenog krađama i utajama, a koje je straćio na raskoš i dobra jela, nije mu ostalo ni toliko koliko mu je potrebno za sahranu; umro je u dugovima, bez imetka i bez ičije pomoći: nisu zatekli kod njega ni neki sirup, ni lekove, ni lekare, čak ni najnižeg sveštenika koji bi se pobrinuo o spasu njegove duše.

Šampanj, završivši dugi ručak, koji mu nadima stomak, ovijen blagim mirisima vina iz Aveneja i Sijerija, potpisuje naredbu koju mu donose, a koja bi glađu uništila čitav jedan kraj, ako mu se ne pruži pomoć; može mu se oprostiti: na koji način može i da se pomisli, u prvom trenutku varenja, da se negde umire od gladi!

Silven je, svojim novcem, stekao plemićku titulu i drugo ime; on je paroh tamo gde su njegovi preci plaćali namet; nekada ne bi mogao da postane ni sluga kod *Kleobila*, a sad je njegov zet.

Dora nose u nosiljci *Apijskim* drumom, njegovi slobodnjaci i robovi koji stupaju pred njim, sklanjaju svetinu i krče mu put; nedostaju mu samo liktori. S takvom pratnjom ulazi u *Rim*, i kao da likuje pred niskošću i bedom svoga oca *Sange*.

Malo je onih koji se tako dobro koriste svojim bogatstvom kao *Perijandar*: ono mu stvara položaj, ugled, uticaj; sad više ne traže njegovo prijateljstvo, već zaštitu. Počeo je govoreći o sebi: »Čovek kao ja«, a sada govori: »Čovek mojih kvaliteta«; izdaje se za takvog i nema nikog od onih kojima posuđuje novac i koje obilno gosti koji bi mu se suprotstavili. Kuća mu je veličanstvena, izvana je u dorskom stilu; to nisu vrata, to je portik; da li je to privatna kuća ili hram? Ljudi se dvoume. On je gospodar nad čitavim ovim krajem; njemu zavide i žele da vide njegovu propast; njegova žena je ta koja je svojom bisernom ogrlicom stekla neprijatelje među svim damama iz okoline. Taj čovek je pouzdan, ništa ne ugrožava tu stečenu veličinu, za koju više nije dužan, koju je platio. Zašto njegov otac, tako star i nemoćan, nije umro pre dvadeset godina dok se u svetu nije još ni znalo za Perijandra! Jer kako će ovaj podneti te odvratne smrtovnice koje otkrivaju poreklo i koje često izazivaju crvenilo udovica i naslednika? Hoće li ih skloniti pred tim zavidnim, zlobnim, oštroumnim gradom, a na štetu hiljadu onih koji po svaku cenu žele da i na sahrani istaknu svoj položaj? Treba li da on svoga oca proglasi za *plemića* ili, možda, za *časnog čoveka*, on, koji je već *milostivi gospodin*?

Koliko je ljudi sličnih tom snažnom i naprednom drveću koje se presađuje po vrtovima, na zaprepašćenje onih koji ga vide prenesenog na lepa mesta gde nije raslo, i koji nisu upoznali ni početak ni rast toga drveća!

Kad bi neki vaskrsli i kad bi videli da njihova velika imena i njihove najbolje zemlje s dvorcima i starinskim kućama pripadaju ljudima čiji su očevi možda bili njihovi napoličari, šta bi oni mogli da misle o našem stoleću?

Ništa nam bolje ne objašnjava malenkost koju bog veruje da je dao ljudima podarivši im bogatstva, novac, visoke položaje i druga blaga, kao što to objašnjava deoba koju je izvršio i vrsta ljudi koji su se pri tom najboje snabdeli.

Uđete li u kuhinju gde se vidi kako je tajna da se nadraži vaš ukus i da vam se otvori preterana želja za jelom dovedena do umetnosti i metode; ispitate li do sitnica kako se pripremaju namirnice koje će vam se služiti na gozbi; pogledate li kroz kakve sve ruke te namirnice prolaze, i sve raznovrsne oblike koje primaju pre nego što će postati izvrsno jelo i dostići onu čistoću i savršenost koje očaravaju vaše oči, teraju vas da se dvoumite, da biste se najzad odlučili da probate od svega; vidite li svu tu hranu na drugom mestu, a ne na dobro

44

postavljenoj trpezi, kako je to prljavo, kako je to odvratno! Prođete li iza kulisa u pozorištu, i prebrojite li sve utege, kolesa, užad koja služe za letove i upravljanje mašinama; uzmite li u obzir koliko ljudi učestvuje u izvođenju tih radnji, koju snagu ruku i kakvo naprezanje živaca moraju da ulože, reći ćete: »Zar su to osnove i opruge tog tako lepog, tako prirodnog prizora, koji izgleda stvaran i kao da se sam od sebe kreće?« Uzviknućete: »Kakvi napori, kakva muka!« Isto tako nemojte podrobno da ispitujete bogatstvo skupljača poreza.

Ovaj mladić, tako živahan, bujan i tako dobrog zdravlja, gospodari jednom opatijom i desetkom drugih imanja; sve to skupa donosi mu sto dvadeset hiljada livri prihoda, koji mu se isplaćuje isključivo u zlatnicima. Ima uz to sto dvadeset bednih porodica koje se zimi uopšte ne greju, koje nemaju ni odela da se obuku, i koje često gladuju; njihovo siromaštvo je krajnje i sramotno: kakva deoba! A zar to sasvim jasno ne ukazuje na budućnost?

Krizip, skorojević i prvi plemić u svojoj porodici, potajno se nadao, pre trideset godina da jednoga dana stekne imetak od ukupno dve hiljade livri; to je bio vrhunac njegovih želja i njegov najveći san o uspehu, on je to tako rekao, i svi to pamte: uspeo je, ko zna na koji način, dotle da je jednoj od svojih kćeri kao platu dao u miraz ono za što je i sam želeo da bude čitavo bogatstvo u njegovom životu; ista svota je raspodeljena u njegovim škrinjama za svako njegovo dete o kojem treba da se brine, a on ima podosta dece; to je, u stvari, zajam u ime nasleđa, a posle njegove smrti mogu se nadati još mnogim dobrima: on još živi, iako je već u godinama, i koristi svoje poslednje dane da bi se obogatio.

Prepustite stvari *Egrastu*, i uzimaće porez od svakog čoveka koji pije vodu iz reke ili hoda po zemlji: on zna način da pretvori u zlato i samu trsku, ševar i koprivu; on sluša sva mišljenja i predlaže ona koja je već čuo. Knez daje drugima tek na Egrastovu štetu, a pruža im upravo one milosti koje njemu duguje: to je neutoljiva glad za osvajanjem i posedovanjem: on bi trgovao umetnostima i naukama, a oporezovao bi sve, čak i muziku; trebalo bi, kad bi bilo po njegovom, da ljudi, u želji da ga vide bogatog, da ga vide s psima i konjima zaborave uspomenu na muziku *Orfeja* i da se zadovolje njegovom.

Ne raspravljajte s *Kritonom*, jer on je sam sebi jedina briga; zamka je postavljena za sve one koji pozavide njegovom položaju, njegovoj zemlji i bilo čemu što je njegovo; on će vam postaviti nemoguće uslove; ne treba očekivati nikakav obzir niti pogodbu sa čovekom tako opčinjenim svojim interesima i koji je istovremeno neprijatelj svih vaših interesa: njemu je potreban lakovernik.

Bronten kaže narod, povlači se i zatvara osam dana sa svetim ljudima; oni razmišljaju za sebe, a on za sebe.

Narod često nalazi zadovoljstvo u nesreći; on vidi kako na svetskoj pozornici stradavaju najmrža bića, koja su u raznim prizorima počinila velika zla i koja je taj narod najviše prezirao.

Podelimo li život P. T. S. na dva jednaka dela, prvi deo, živahan i marljiv, sav je usmeren prema želji da unesreći narod, drugi deo, blizak smrti, usmeren je prema međusobnom potkazivanju i uništavanju. Ovaj čovek koji je mnoge obogatio, pa i vas, nije mogao da održi i svoje bogatstvo niti da obezbedi, pre svoje smrti, bogatstvo svoje žene i dece; oni žive povučeni i nesrećni; ma kako da ste dobro upoznati s bedom njihovog položaja, vi i ne pomišljate da je umanjite, vi to, u stvari, i ne možete; vi priređujete gozbe, gradite kuće; ali čuvate, iz zahvalnosti, portret vašeg dobročinitelja koji je, istinu govoreći, iz radne sobe premešten u predsoblje; kakvi obziri! mogao je da završi i u ostavi.

Postoji urođena grubost, i druga koja proizlazi iz životnih uslova i položaja; i iz ove, kao i iz prve, izvlačimo ono što nas čini otpornim prema nesreći drugih, štaviše, i ono što nas čini neosetljivim za nevolje u vlastitoj porodici: pravi poslovni čovek ne oplakuje ni svoje prijatelje, ni svoju ženu, ni svoju decu.

Bežite, sklanjajte se: niste dovoljno daleko. Ja sam, kažete, pod drugim podnevkom: provucite se ispod pola i pređite na drugu pol uloptu; popnite se na zvezde, ako to možete. Evo me. Odlično, sad ste bezbedni: primećujem na zemlji jednog lakomog, nezasitog, neumitnog čoveka koji želi, po cenu svega što mu se ispreči na putu i što susretne, i ma koliko to platili drugi, da samog sebe obezbedi, da uveća svoje bogatstvo i da živi u izobilju.

Stvarati bogatstvo je veoma lep izraz i on kaže toliko toga dobrog da ga na sve strane koriste: susrećemo ga u svim jezicima, dopada se strancima i prostacima, gospodari i na dvoru i u gradu, probio se u manastire i savladao zidove opatija i jednog i drugog pola; ne postoji nijedno sveto mesto gde se taj izraz nije uvukao, ni pustinje, ni samoće gde bi bio nepoznat.

Što više stvara nove ugovore ili oseća da mu se novac množi u njegovim škrinjama, čovek napokon poveruje da je pametan i skoro sposoban da vlada.

Potrebno je imati duha da bi se steklo bogatstvo, a posebno veliko bogatstvo: taj duh nije ni dobar, ni lep, ni velik, ni uzvišen, ni jak, ni prefinjen; ja, u stvari, ne znam kakav je on i očekujem da mi to neko objasni.

Potrebno je manje duha nego navike da bi se stvorilo bogatstvo: prekasno se setimo toga, a kad se najzad setimo počinjemo da činimo greške koje ne možemo uvek ispraviti: iz toga, možda, proizlazi da su bogatstva tako retka.

Neki čovek s malo dara može poželeti da se istakne: on zapostavlja sve, od jutra do mraka misli samo na jednu jedinu stvar, a to je da se istakne; počeo je veoma rano, još od mladićkog doba, da traži puteve sreće; naiđe li na kakvu prepreku koja mu zakrčuje prolaz, on okolišuje sasvim prirodno, i ide levo ili desno, već prema tome gde mu se ukaže pukotina ili mogućnost, a, ako ga nove prepreke zaustave, vraća se na putanju koju je napustio; priroda teškoća ga primorava na to da ih čas savlađuje, čas izbegava, ili da iznađe druga rešenja; njegovi upravljači su interes, iskustvo i okolnosti. Zar putnik treba da je tako nadaren i tako pametan da bi isprva sledio veliki put, i, ukoliko je ovaj pun i zakrčen, da skrene na zemlju i pođe kroz polja, da bi se zatim vratio na prvi put, da bi ga nastavio i stigao do kraja? Treba li toliko duha da bi se stiglo do željenog cilja? Zar je, dakle, čudno, ako je neki glupak bogat i ugledan?

Postoje, čak, lude, a ja se usuđujem da kažem da ima i blesavaca koji dobiju lepa mesta, i koji znaju da umru u izobilju, a da ni na koji način ne možemo pomisliti da su to stvorili svojim radom ili s najmanje veštine: neko ih je poveo na izvore reke ili ih je sama slučajnost tu dovela; čuli su: »Hoćete li vode, zahvatite«, i oni su zahvatali.

Kad smo mladi, često smo siromašni, ili još nismo ništa stekli, ili još ništa nismo nasledili; i bogatstvo i starost dolaze istovremeno: tako se retko dogodi da čovek smogne da ujedini sve dobiti, a, ako se to nekima i ostvari, nema na čemu da im se zavidi: i suviše će toga izgubiti kad budu umrli, da bi zaslužili bilo čije sažaljenje.

Potrebno je da se u tridesetoj godini misli na svoje bogatstvo; u pedesetoj još nije ostvareno; gradi se u starosti, a umire se kad se dođe do soboslikara i staklara.

U čemu se ogleda veliko bogatstvo, ako ne u tome da se uživa u taštini, veštini, delu i trošku onih koji su pre nas rođeni i da i sami radimo, sadimo, gradimo, pribavljamo za buduća pokolenja?

Svakog jutra se otvara i izlaže, da bi se varao svet, a uveče se zatvara, pošto se čitav dan varalo.

Trgovac prikazuje svoju robu da bi prodao ono što je najgore; ume on da je ulepša i da joj da lažni sjaj skrivajući na taj način njene nedostatke tako da roba izgleda sasvim dobra; on je precenjuje da bi je prodao skuplje nego što vredi; raspolaže lažnim i tajanstvenim napravama, te čovek poveruje da je platio onoliko kolika je vrednost robe; njegov neispravni aršin mu služi da izmeri najmanje što može; a njegova tačna vaga mu služi da mu onaj kome je robu prodao plati u zlatu koje će biti odgovarajuće težine.

U svim okolnostima siromah je blizak poštenjaku, a onaj koji živi u izobilju nije daleko od lopovluka; velika bogatstva se ne stiču znanjem i sposobnošću.

Mogućno je obogatiti se u bilo kakvoj delatnosti ili trgovini razmećući se izvesnim poštenjem.

Od svih načina da se obogatite, najkraći i najbolji je taj da ubedite ljude da je u njihovom interesu da vam čine dobro.

Ljudi pritisnuti životnim potrebama, a ponekad i željom za zaradom i slavom, neguju u sebi izopačene sposobnosti, ili se upuštaju u nepoštene poslove, skrivajući dugo sami pred sobom opasnost i posledice; potom se povlače u tihu pobožnost kojoj se prepuste tek pošto su sve pobrali i stekli trajno bogatstvo.

U svetu ima nevolja zbog kojih se srce steže; neki nemaju ni čime bi se ishranili, plaše se zime, strahuju od života. Na drugom mestu jede se razno voće, podstiču zemlja i godišnja doba kako bi nekima pružila poslastice; prosti građani, samo zato što su bili bogati, imali su smelosti da u jednom zalogaju progutaju ono što bi prehranilo stotinu porodica. Neka izdrži, ako neko može, tolike razlike; ja, ako to mogu, neću da budem ni nesrećan ni srećan: bacam se i skrivam između dve krajnosti.

Poznato je da su siromašni ljudi zlovoljni zbog toga što im je sve uskraćeno i što niko neće da im pomogne; ali, ako je istina da su bogataši puni besa, to je zato što im i najmanja sitnica nedostaje ili zato što im se neko odupire.

Bogat čovek je onaj koji prima više nego što troši; siromašan je onaj čiji je rashod veći od primanja.

Neko s prihodom od dva miliona livri može da osiromaši svake godine za petsto hiljada livri.

Ništa ne traje duže od osrednjeg bogatstva; najlakše je sagledati kraj ogromnom bogatstvu.

Veliko bogatstvo nosi u sebi klicu bliskog siromaštva.

Ukoliko je istina da su ljudi bogati usled svega što imaju, a što im ne treba, najbogatiji je onaj čovek koji je mudar.

Ako je tačno da smo siromašni za sve ono što želimo, nadmen čovek i tvrdica čame u najvećoj bedi.

Strasti gospodare čovekom, a želja za napredovanjem nadmašuje sve druge, te čoveku daje prividno sve vrline: ja sam *Trifona*, koji je veoma poročan, smatrao trezvenim, čistim, naprednim, poniznim, čak i pobožnim; i dalje bih mislio isto o njemu da najzad nije stekao bogatstvo.

Nikad u nama ne izumire želja za posedovanjem i unapređenjem: griža se javi, a smrt nije daleko kad uvelog lica i držeći se jedva na nogama, progovaramo: *Moj imetak, moj novi položaj!*

Čovek može u svetu da gradi svoj uspon na dvema osnovama: na sopstvenoj veštini ili na gluposti drugih.

Crte lica odaju prirodu i ćudi; izgled otkriva imovno stanje: manje ili više od hiljadu livri ispisano je na licima.

Krizant, bogat i nadmen, ne želi da ga vide u društvu *Evgena,* zaslužnog, ali siromašnog, čoveka; smatrao bi da time gubi od časti. Evgen je, u odnosu na Krizanta slično raspoložen: nema opasnosti da će se sresti.

Kad vidim neke ljude, koji su me nekoć preticali u poklonima, kako sad, naprotiv, čekaju da ih ja pozdravim, i kako su hladne postale njihove učtivosti, u sebi kažem: »Odlično, očaran sam, tim bolje po njih«; videćete da je taj čovek sada smešten, da ima lepši nameštaj i da se bolje hrani nego do sada, verovatno je pre nekoliko meseci našao neki posao gde je već stekao podosta novaca: daj bože, da za kratko vreme tako daleko stigne da me prezre.

Kad bi misli, knjige, pisci, zavisili od bogataša i onih koji su stekli nešto blaga, koliko bi samo bilo zabrana! Ne bi više bilo povratka: kakav ton i kakvu bi prevlast uzeli u odnosu na učenjake; kako se samo s visine ophode prema tim *nejakim* ljudima koje vlastiti ugled nije uzdigao ni obogatio, i koji još uvek oštroumno misle i pišu! Moramo priznati, sadašnjost pripada bogatašima, a budućnost vrednim i nadarenim ljudima. Homer uvek živi i živeće; zelenaši i poreznici su nestali: zar su nekada postojali? Znamo li njihovu domovinu, njihova imena? Je li Grčka imala zakupnike poreza? Gde su dospeli ti važni ljudi koji prezirahu Homera i izbegavahu ga na trgovima, ne uzvraćajući mu pozdrav ili oslovljavajući ga imenom, ti ljudi koji ga nisu udostojili svoje trpeze, koji su ga gledali kao čoveka koji nije bogat i koji je napisao jednu knjigu? Šta će biti s ljudima sličnim *Fokoneu*[33]? Hoće li dospeti daleko među potomke, kao DEKART[34], *rođeni Francuz koji je umro u Švedskoj?*

Isti je ponos kojim se oholo uzdižemo iznad ljudi koji su nam podređeni i kojim bedno puzimo pred onima koji su viši od nas; ovaj porok se odlikuje tim što ne polazi ni od ličnog ugleda niti od vrline, već od bogatstva, položaja, uticaja i zaludnog znanja, i što nas podjednako podstiče da preziremo one koji imaju manje od nas, a da i suviše cenimo one koji ta dobra imaju u tolikoj meri da nadmašuju naša.

Neke duše su prljave, sazdane na blatu i otpacima, zaljubljene u dobitak i korist, kao što su plemenite duše obuzete slavom i vrlinom; sposobne za jednu jedinu strast koja se sastoji u tome da se što više dobije, a ništa ne izgubi; radoznale samo ako je u pitanju interes od deset odsto, vodeći brigu samo o dužnicima, strahujući da novac ne izgubi vrednost ili da ga ne povuku iz opticaja, utopljene i iskvarene ugovorima, vrednosnim papirima i ispravama. Takvi ljudi nisu ni roditelji, ni prijatelji, ni građani, ni vernici, čak ni ljudi: oni imaju para.

Izuzmimo prvo plemenite i hrabre duše, ako ih je još na zemlji preostalo, u stanju da pomognu i čine dobra dela, koje nikakva nužda, nikakva razlika, nikakva smicalica neće odvojiti od onih koje su nekad izabrale za svoje prijatelje; pa pošto smo se ogradili, iskažimo hrabro nešto što je tužno i bolno pomisliti: nema tog čoveka na svetu koji nam je tako odan druženjem i bliskošću, koji nas voli i oseća, koji nam stalno nudi usluge i koji nam ponekad nešto i učini, a da nije toliko vezan za svoj interes, da nas ne može u svako doba napustiti i postati naš neprijatelj.

Dok *Oront* srazmerno sa svojim godinama uvećava svoje imanje i prihode, jedna se devojka negde rađa, vaspitava, raste, prolepšava i ulazi u šesnaestu godinu; on u pedesetoj odlaže da se s njom venča, ona je lepa, mlada, puna duha: pa ipak taj čovek bez porekla, bez duha i ugleda, baca u zasenak sve suparnike.

Brak koji bi svakom čoveku trebalo da bude izvor svih blagodeti, postaje često, zbog lošeg imovinskog stanja, teret koji on ne može podneti: tad njegova žena i deca postaju jak razlog za prevaru, laž i nedozvoljene zarade; on se nalazi između lopovluka i bede. Čudna situacija!

Oženiti se udovom, na lepom francuskom jeziku znači obogatiti se: ali to se ne dešava uvek.

Onaj koji u nekom nasleđu među svojom braćom ima tek toliko udela da bi ugodno živeo kao dobar pravnik, hteo bi da je sudija; niži sudija pribavi zvanje višeg sudije, a viši sudija želi da predsedava; a tako je u svim uslovima, gde ljudi pate pritešnjeni i jadni, pošto su pokušali da se vinu iznad svoje sreće i ustali, da tako kažemo, protiv vlastite sudbine; podjednako nesposobni da se odreknu bogatstva i da budu bogati.

Najedi se dobro, *Klearče*, večeraj, potpali vatru, kupi plašt, ispuni sobu ćilimima: ti si bez naslednika, ti ga ne poznaješ, ti ga, štaviše, nemaš.

Dok je mlad, čovek skuplja za stare dane; kad ostari, štedi za smrt. Naslednik, koji nemilice troši, pripremi veličanstvenu sahranu, a sve ostalo spiska.

Tvrdica, mrtav, u jednom jedinom danu potroši više nego živ za deset godina, a njegov naslednik za deset meseci potroši više nego što je on mogao celoga života.

Ono što razbacujemo otimamo nasledniku; ono što na nizak način štedimo otimamo samima sebi. Sredina je jednako pravedna i za nas i za druge.

Deca bi, možda, bila milija roditeljima, a s druge strane očevi bi bili draži svojoj deci, kad nasledstvo ne bi postojalo. Kako je tužan čovekov položaj koji mu krati volju za životom: treba se preznojavati, bdeti, pokoravati, zavisiti, a sve to da bi ostvarili nešto malo bogatstva ili da ga stečemo smrću naših najbližih; častan je onaj čovek koji se sputava da poželi smrt svoga oca.

Karakter čoveka koji želi da nasledi nekoga blizak je karakteru ulizice; niko nam bolje ne laska, niko nam nije tako pokoran, niko nam nije tako odan, niko se tako ne vrti oko nas, niko nas tako ne neguje, čuva, miluje za života kao onaj koji veruje da će ućariti našom smrću i koji želi da ona dođe.

Svi ljudi, raznim položajima, titulama i smenjivanjima, jedni u drugima vide naslednike, i u tom interesu čitavog života tajno i uvijeno priželjkuju smrt drugoga; najsrećniji je, u svakom slučaju, onaj koji ima najviše toga da izgubi i da svojom smrću ostavi svome zameniku.

Pričaju da se kockanjem izjednačuju staleži; ali oni su ponekad tako neobično neujednačeni, a između pojedinih staleža postoje ponori, tako ogromni i duboki da približavanje takvih suprotnosti upravo vređa oči: to je ravno neskladnoj muzici, rečima koje napadaju i vređaju uho, šumovima i zvucima od kojih se drhti; rečju, to je uništenje svake pristojnosti. Ako mi uzvratite da je to običaj na Zapadu, reći ću vam da je to, možda, jedna od onih stvari koje nas čine varvarima u odnosu na drugi deo sveta i koje Istočnjaci koji dopru do nas upisuju u svoje dnevnike: ne sumnjam, štaviše, da im ta preterana prisnost ne smeta jače nego što nama smeta njihov *zombej*[35] i njihovo ljubljenje prašine.

Državni sastanci i skupštine koje zasedaju zbog neke vrlo važne stvari ne izgledaju u našim očima ozbiljnije i strože od stola za kojim se ljudi uveliko kockaju: tužna ozbiljnost vlada na njihovim licima; neumoljivi jedni prema drugima i nepomirljivi neprijatelji do kraja kockanja, oni više ne razlikuju ni prijatelja ni rođaka, ne znaju za poreklo ni za međusobne nejednakosti: samo slučaj, slepo i okrutno božanstvo, vodi glavnu reč u tom krugu gde nadmoćno odlučuje; oni ga poštuju tako što su se predali dubokoj tišini i pažnji za koje na drugim mestima nisu sposobni: sve strasti kao da su zaustavljene, popuštaju pred jednom jedinom; dvorjanin u tom trenutku nije ni blag, ni laskav, ni prijazan, čak ni pobožan.

U onima koji su se proslavili kockom i dobitkom ne prepoznajemo ni trag njihovog ranijeg položaja; oni gube iz vida sebi ravne i izjednačuju se s najvećom gospodom. Istina je da ih kockarska ili kartaška sreća vrati vrlo često onamo gde ih je i zatekla.

Ne čudim se što postoje javne kockarnice, kao toliko zamki postavljenih ljudskom tvrdičluku, kao bezdani gde novac pojedinih ljudi pada i nepovratno nestaje, kao strašne podvodne stene gde se igrači lome i gube; ne čudim se što s tih mesta polaze glasonoše kako bi u određenom času saznali ko je kročio na zemlju s novcem upravo stečenim u nekoj novoj pljački, ko je u svoju korist rešio neki spor koji mu je doneo veliku svotu novaca, ko je primio kakav poklon, ko je kockom zaradio nebrojeno para; koji je sin prigrabio bogato nasleđe, i koji je to naivni činovnik željan da na jednoj karti prokocka sav novac iz svoje kase: varati, to je zaista prljav i nedostojan posao, ali to je posao poznat iz starina kojim su se u svim vremenima bavili ti ljudi koje ja nazivam kockarima; na njihovim vratima stoji tabla na kojoj bi se skoro moglo napisati: *Ovde se pošteno vara*, jer oni ne bi hteli da im iko zamera. Svako zna da je ući i gubiti u ovim kućama jedno te isto. Kako im se pod rukom nađe upravo onoliko šupljoglavaca koliko im je potrebno da bi obezbedili svoj život, to je ono što ne mogu da shvatim.

Hiljade ljudi uništava se kockom, i hladnokrvno vam kažu da ne mogu da se odreknu kockanja. Kakvo izvinjenje! Postoji li strast, ma kako ona jaka ili sramotna bila, koja isto tako ne bi mogla da se opravda? Zar je prihvatljivo kad neko kaže da ne može da se odrekne krađe, ubijanja i nepoštenja? Stravična, duga, prekomerna, beskonačna igra u kojoj je jedini cilj propast protivnika, u kojoj caruje želja za dobitkom, gde se očajava pred gubitkom, gde se drhti od tvrdičluka, gde čovek na jednu kartu ili na kocku stavlja svoje bogatstvo ili bogatstvo svoje žene i dece, zar jedna takva igra može da se dozvoljava i zar se takvog nečeg treba odricati? Zar ponekad čovek ne treba da se uzdrži, kad mora, ponesen igrom do potpunog kraha, da sam sebe liši odela i hrane, a da ih pruži svojoj porodici?

Ne dopuštam nikome da bude lopov, ali dopuštam lopovu da se na veliko kocka; međutim, zabranjujem to poštenom čoveku; odveć je detinjasto izložiti se velikom gubitku.

Samo je jedna tuga neprolazna, a to je ona koju stvara propast bogatstva; vreme, koje ublažuje sve tuge, ovu uvećava; osećamo u svim trenucima, tokom našeg života, kako nam blago koje smo izgubili nedostaje.

Lepo je živeti s onim koji svoje blago ne troši na udaju kćerki, na plaćanje dugova, na sklapanje ugovora, ali pod uslovom da mu nismo ni dete ni žena.

Ni nevolje, Zenobija,[36] koje uzbuđuju vaše carstvo niti rat koji srčano nastavljate protiv jednog moćnog naroda posle smrti kralja, vašeg supruga, ni najmanje ne potamnjuju vašu veličinu. Više od svih zemalja voleli ste obale Eufrata na kojima ste sazdali veličanstvenu građevinu: vazduh je tu zdrav i blag, predeo pun bezbrižnosti, sveti gaj zasenjuje tu zgradu s one strane gde sunce zapada; bogovi Sirije, koji ponekad nastanjuju zemlju, nisu mogli izabrati lepše boravište; okolna sela preplavljena su ljudima koji tešu ili seku, odlaze i dolaze, koji kotrljaju ili prevoze libansko drvo, tuč i porfiru; dizalice i razne druge sprave stenju u vazduhu i bude nadu kod onih koji putuju u Arabiju da će, po povratku svojim kućama, ugledati tu palaču dovršenu i u blistavosti do koje želite da je uzdignete, pre nego što ćete se u nju useliti vi i prinčevi, vaša deca. Ne škrtarite pri tome, velika kraljice; utrošite tu zlato i umešnost najizvrsnijih zanatlija; neka Fidije[37] i Zeuksi[38] vašeg veka rasprostru svu svoju umetnost preko vaših stropova i zidova; izgradite prostrane i prelepe vrtove, čija će lepota biti takva te će izgledati kao da ih nije stvorila ljudska ruka; trošite sve svoje bogatstvo i umeće na to neuporedivo zdanje; a kada, Zenobija, budete pri kraju, jedan od onih pastira koji nastanjuju susedne pustinje Palmire, obogativši se naplaćivanjem mostarine na vašim rekama, kupiće jednoga dana za gotov novac tu kraljevsku kuću, kako bi je ulepšao i učinio dostojnijom sebe i svoga blaga.

Taj dvorac, taj nameštaj, vrtovi, te lepe fontane, sve vas to očarava i primorava da se ushitite na prvi pogled pred tako divnom kućom i beskrajnom srećom gospodara kome ta kuća pripada: njega više nema, on u njoj nije tako ugodno i spokojno uživao kao vi: nijedan njegov dan nije bio vedar, nijedna noć mirna; utopio se u dugovima da bi je uzdigao do tog stepena lepote kojom ste opčinjeni; njegovi su ga poverioci isterali odatle: okrenuo se, osmotrio ju je iz daljine poslednji put i umro od tuge.

Nemogućno je ne videti, u nekim porodicama, ono što se naziva ćudljivost slučaja i prevrtljivost sreće. Pre sto godina o tim porodicama nije se uopšte govorilo, kao da nisu ni postojale; nebo im se odjednom zaštitnički otvara; blaga, počasti, dostojanstva, sve ih to u obilju zasipa; one plivaju u velikoj sreći. *Evmolp*, jedan od tih ljudi koji nemaju dedove, imao je bar oca koji se tako visoko vinuo da je sve što je on poželeo tokom svog dugog života bilo to da ga dostigne; i dostigao ga je. Da li su ove dve osobe posedovale izuzetan duh, veliku sposobnost? Da li je to bio sticaj okolnosti? Sreća im se, najzad, više ne osmehuje, ona se poigrava na nekom drugom mestu i ponaša se s njihovim potomcima kao i s njihovim precima.

Najočigledniji razlog propadanja i rasula sudskog i vojničkog staleža sastoji se u tome što je položaj, a ne bogatstvo, ono što određuje njihove troškove.

Ako ništa niste zaboravili u traganju za svojom srećom, kako mnogo truda! Ako ste prevideli i najmanju sitnicu, koliko žaljenja!

Žiton ima svež izgled, lice puno i podvoljke, pogled čvrst i pouzdan, plećat je, stomak mu je velik, hod mu je siguran i odlučan; govori s puno ubedljivosti, namernike primorava da ponavljaju, a sve što oni kažu, on ne sluša sa zadovoljstvom; širi poveću maramicu i bučno šmrče; pljuje što dalje može i kiše na sav glas; spava danju, spava noću, uvek duboko; hrče u društvu. Za stolom i u šetnji zauzima više prostora nego bilo ko drugi; staje u sredinu kad šeće u društvu onih koji su mu ravni, kad on stane, svi stanu, kad on krene, svi krenu, sve se ravna prema njemu; on prekida, on dopunjava one koji govore, njega niko ne prekida, slušaju ga sve dok on želi da govori, svi se slažu s njim, veruju u novosti koje on donosi. Kad sedne, vidite kako se uvali u naslonjaču, prekršta noge, jednu preko druge, podiže obrve, prekrije širom oči da nikog ne bi video, ili podigne šešir i pokazuje svoje čelo pun gordosti i izazova. Voli da se zabavlja, veliki je smejač, nestrpljiv, umišljen, ljutit, razbludan, zanosi se politikom, tajanstven kad se govori o skorim događajima; smatra da je obdaren i pun duha: on je imućan.

Fedon ima upale oči, upaljeno lice, suvonjav je i mršuljav; malo spava i lakog je sna; zamišljen je, sanjar, i, mada ima duha, izgleda glup; zaboravlja da kaže ono što zna, ili da govori o poznatim mu događajima, a, ako mu se to po koji put i dogodi, slabo se snalazi, veruje da dosađuje onima koji ga

54

slušaju, priča sažeto, ali hladno, njega ne slušaju, nije u stanju da zasmeje; on se slaže, smeška se na sve što drugi kažu, prihvata njihova mišljenja, trči, leti da bi im se dodvorio sitnim uslugama, ulizica je, laskavac, uslužan; ne govori o svojim problemima, pokatkad slaže; praznoveran je, bojažljiv, stidljiv; hoda polako i lagano, kao da se plaši da staje po zemlji; hoda poniknutog pogleda i ne usuđuje se da pogleda one koji prolaze; nikada nije među onima koji vode neki razgovor, uvek se sklanja iza onog koji govori, potajno upija sve ono što se govori, i povlači se ako ga primete; on nema svoje mesto, on je sićušan; hoda pogureno, natukavši svoj šešir na oči da ga niko ne primeti i, uvivši se i zatvorivši se u svoj ogrtač; nema ulice ili hodnika tako pretrpanih i ispunjenih svetom gde on ne može da bez muke prođe i da neprimetno mine. Zamole li ga da sedne, on se spusti tek na ivicu sedišta, tiho razgovara i ne govori jasno; ipak je odvažniji kad je reč o javnim stvarima, ljut je na društvo, prilično protivan ministrima i ministarstvima; otvara usta tek da bi odgovorio; kašlje, zaklanja se šeširom dok briše nos, pljuje gotovo na sebe i čeka da ostane sam pa da tek onda kihne, ili, ako mu se to ipak dogodi, niko u društvu to i ne primeti, niko se ne oseća dužnim da mu kaže: Nazdravlje! i da mu polaska: on je siromah.

O ČOVEKU

Ne budimo srditi na ljude videći kako su grubi, nezahvalni, nepravedni, oholi, zaljubljeni u sebe i nehajni za druge; oni su takvi, to je njihova priroda; srditi se na njih bilo bi isto kao i ne shvatiti zašto kamen pada i zašto se plamen penje prema gore.

U izvesnom smislu, ljudi nisu površni, ili su takvi tek kad se radi o sitnicama: oni menjaju odela, govor, spoljni izgled, uglađenost; pokatkad menjaju i svoj ukus; navike su im uvek rđave, oni su čvrsti i istrajni u zlu ili su ravnodušni prema vrlini.

Stoicizam je igra duha i zamisao dosta slična Platonovoj Državi. Stoici su se pretvarali da je mogućno smejati se u bedi, biti ravnodušan na uvrede, na nezahvalnost, na propast bogatstva i svojih najbližih; hladnokrvno posmatrati smrt i videti u njoj nevažnoj pojavu koja ne može ni razveseliti ni rastužiti; ne podleći ni zadovoljstvu ni patnji, osetiti čelik ili vatru, bilo gde u telu, i ne pustiti ni najmanji uzdah i ne prosuti ni jednu suzu; i, zamislivši tako tu avet od vrline i postojanosti, zadovoljno su je nazvali mudracem. Oni su ostavili čoveku sve mane koje su pronašli u njemu i skoro da nisu izmenili nijednu njegovu slabost; umesto da od njegovih greha naprave strašne i smešne slike koje bi poslužile da se ti gresi poprave, pokazali su mu put do savršenstva i junaštva kojima on nije dorastao, usmerivši ga na nemogućno. Tako se mudrac, koji ne postoji ili koji je izmišljen, nalazi prirodno i sam po sebi iznad svih događaja i svih zala. Ni bolna kostobolja, ni najžešći grč neće mu iznuditi nijedan vapaj. I nebo i zemlja mogu da se prevrnu, a da ga ne ponesu svojim padom, a on bi bez drhtaja prebivao na razvalinama sveta, dok čovek, koji je zaista razborit, plače, očajava, srdi se i gubi dah zbog izgubljenog psa ili porculanskog predmeta koji se razbio.

Nespokojstvo duha, promenljivost raspoloženja, nevernost, nesigurnost u ophođenju, sve sami poroci duše, ali svi različiti

57

i koji, i pored sličnosti koja postoji među njima, ne pretpostavljaju jedan za drugog da pripadaju istoj osobi.

Teško je zaključiti da li neodlučnost čini čoveka nesrećnijim ili ništavnijim, kao i to da li je gore napraviti pogrešnu odluku ili je uopšte ne napraviti.

Nestalan čovek sadrži u sebi ne jednog čoveka, već više njih. On se umnožava zavisno od toga kakvi su njegovi novi ukusi i različiti maniri; on svakog časa postaje ono što pre nije bio, a uskoro će postati ono što nikada nije bio; on se nastavlja na samoga sebe. Ne pitajte ga kakva mu je narav, već kakve su mu naravi; niti ga pitajte kakvog je raspoloženja, već kakvih je raspoloženja. Da se niste prevarili? Da li ste vi to prišli *Eutikratu?* Danas je tako hladan prema vama! A juče je trčao, udvarao vam se, njegovi su vam prijatelji zavideli. Je li vas prepoznao? Kažite mu kako se zovete.

Menalk* silazi niza stubište, otvara izlazna vrata i zatvara ih; primećuje da je u noćnoj kapi, a, pogledavši se malo bolje, otkriva da je napola obrijan; vidi da mu je mač na desnoj strani, da su mu čarape posuvraćene do peta, a da mu je košulja preko hlača. Dok korača trgovima, iznenada oseti tup bol u stomaku ili na licu; on ne pomišlja šta bi to moglo biti, sve dok, otvorivši oči i probudivši se, ne spazi da se nalazi pred rudom nekih kola ili iza stolarske daske koju neki radnik nosi na ramenu. Ugledali su ga jedanput kako se sudario sa slepcem, kako se spleo u njegove noge i kako su se obojica srušila nauznak. Često mu se događalo da se nađe pred nekim knezom i da mu popreči put, da jedva dođe k sebi i da mu jedino preostane da se prilepi uza zid i obezbedi prolaz. On traži, pravi zbrku, viče, uzbuđuje se, zove svoje slugane jednog za drugim: *sve su mu pogubili, sve su mu zametnuli;* traži rukavice koje drži u rukama, sličan ženi koja je tražila masku dok joj je ona bila na licu. Ulazi u kraljevske odaje i prolazi ispod velikog svećnjaka o koji mu se perika zakači i ostane da visi. Svi dvorani posmatraju i smeju se; Menalk takođe gleda i smeje se najglasnije; pogledom kruži po čitavom skupu da ugleda onoga koji je otkrio svoje uši i kome nedostaje perika. Krene li kroz grad, prevalivši jedan deo puta, pomisli da se izgubio, uzbuđuje se i pita prolaznike gde se nalazi, a ovi mu tačno saopšte ime njegove ulice; ulazi potom u svoju kuću, odakle izbezumljeno izlazi, misleći da se prevario. Izlazi iz Suda i, našavši se, udno veli-

* Ovo nije neki poseban karakter već skup vidova rasejanosti; neće ih biti previše ukoliko su zabavni: jer, kako su ukusi različiti, može da se bira. — (*Prim. Labrijerova.*)

kog stepeništa, pred kočijom koju smatra svojom, smešta se u nju. Kočijaš krene i veruje da vraća kući svoga gospodara; Menalk istrčava iz kočije, prelazi preko dvorišta, penje se uza stubište, pretrčava predsoblje, spavaću i radnu sobu. Sve mu je znano, nema ništa novo; on seda, odmara se, u svojoj je kući. Dolazi gazda; Menalk se diže da ga primi, ponaša se vrlo uljudno prema njemu, moli ga da sedne, veruje da je dostojno dočekao gosta; govori, sanjari, govori. Pravi gazda postaje nervozan i zapanjen; Menalk je to u istoj meri, ali ne kaže ono što misli; to je neki dosadnik, neki besposličar, misli Menalk, i valjda će se povući; on se tome nada i naoružava se strpljenjem. Tek kad se noć spusti, on uvidi svoju zabludu. Drugom jednom prilikom posećuje neku ženu i, uverivši se na brzinu da je on taj koji nju prima, smešta se u njenu naslonjaču i ne pomišlja da je napusti; potom zaključuje da ta dama previše odugovlači svoju posetu, i svakog časa očekuje da ona ustane i da ga ostavi na miru; ali, kako se to oteže, kako je ogladneo, i pošto je noć već odavno pala, on je poziva na večeru; ona se smeje, tako glasno da on najzad dolazi k sebi. Ženi se ujutru, zaboravlja to uveče, i prvu bračnu noć provodi na nekom drugom mestu; nekoliko gođina kasnije žena mu umire na rukama; on je na sahrani, a sutradan, kad su rekli da je sto postavljen, pita da li je njegova žena spremna i da li su i nju obavestili. Dogodi mu se i to da uđe u crkvu i, zamenivši slepca koji je stajao ukipljen pored vrata, za stub, a njegov sudić za škropionicu, kvasi ruku, prinosi je čelu, kad odjednom čuje kako stub govori i nudi mu molitve. Ulazi u crkvu, ugleda klecalo i sav se svali na njega; oseti kako se klecalo savija, udubljuje, i napreže se da vikne. Menalk je iznenađen, jer vidi da kleči na nogama nekog čovečuljka, naslonjen na njegova leđa, prebacivši ruke preko njegovih ramena, vidi svoje ruke sklopljene i ispružene kako zapušuju nos i usta tog čoveka. Zbunjen se povlači i odlazi da klekne malo dalje, izvlači molitvenik; to je, u stvari, njegova papuča koju je uzeo umesto molitvenika u času kad je izlazio iz kuće. Nije još ni izišao iz crkve kad jedan livrejisani sluga dotrča za njim, stiže ga i upita, zakocenut od smeha, da nije, možda, u njega papuča Njegove preuzvišenosti. Menalk mu pokazuje svoju papuču i kaže: *Ovo je jedina papuča koju sa sobom nosim!* Ipak se prepipa i izvlači papuču Episkopa od***, kojeg je upravo napustio, ostavivši ga bolesnog pokraj vatre i kome je, pre nego što se s njim oprostio, uzeo papuču zajedno s rukavicom koja mu je pala na tle. Tako se Menalk vraća kući s jednom papučom manje. Jednom je, kockajući se, izgubio sav novac koji je imao pri sebi, i, želeći

59

da nastavi igru, uđe u radnu sobu, otvori jedan od ormara, izvuče iz njega svoju kasicu, uze što mu je bilo potrebno, pomisli da je vraća na njeno mesto. Tad začu lavež iz ormara koji je upravo zatvorio. Zapanjen tim čudom, otvori ormar po drugi put i prasnu u smeh ugledavši da je umesto kasice zatvorio svog psa. Igra triktraka, traži da pije, donose mu; dolazi njegov red, u jednoj mu je ruci rog, a u drugoj čaša, i kako je strašno žedan, on guta kocke, a skoro i rog, baca čašu s vodom kao da igra i kvasi svoga protivnika; a u sobi gde ga smatraju prisnim prijateljem, pljuje na krevet i baca svoj šešir na zemlju, misleći da čini suprotno. Vozi se u čamcu i pita koliko je sati. Dadoše mu časovnik; tek što ga je uzeo, on ga, ne misleći više ni na vreme ni na časovnik, baci u reku kao stvar koja mu smeta. Piše neko dugo pismo, u nekoliko navrata ga posipa pepelom i svaki put baca pepeo u mastionicu. To nije sve; piše drugo pismo i, pošto ih je oba zatvorio, krivo ispisuje adrese: neki vojvoda i per prima jedno od tih pisama i, otvorivši ga, čita ove redove: *Gazda Olivije, čim ovo pročitate, pošaljite mi moju zalihu sena*... Njegov zakupac dobija drugo pismo: otvara ga i moli da mu ga pročitaju. Tu piše: *Vaša svetlosti, u najvećoj poniznosti sam primio naređenja koja je Vaša veličina izvolela*... On takođe piše pismo u toku noći i, pošto ga je zatvorio, gasi sveću; čudi se što *ništa* ne vidi i teškom mukom saznaje kako je uspeo da napiše pismo. Menalk silazi niza stubište Luvra; jedan plemić se penje i on mu kaže: *Upravo vas tražim.* Uzima ga pod ruku, vodi ga niza stubište, prelazi kroz nekoliko vrtova, ulazi u dvorane, izlazi, ide, vraća se; pogleda napokon onog koga već četvrt sata vuče za sobom; čudi se njegovom prisustvu; nema šta da mu kaže, pušta njegovu ruku i kreće svojim putem. Često vas zapita nešto, a kad hoćete da mu date odgovor, on je već daleko; ili vas na brzinu pita kako je zdravlje vašeg oca, a ako mu kažete da nije dobro, on vikne da mu je veoma drago. Zatim vas ponovo sretne. *Milo mu je što vas sreće, upravo izlazi iz vaše kuće da bi vam govorio o nekim stvarima;* posmatra vašu ruku. »Nosite, govori on, lep rubin; je li modrikastoružičast?« Napušta vas i nastavlja put; eto o čemu je tako važnom želeo da razgovara s vama. Ode li na selo, svakome govori kako mu zavidi na sreći što je u jesen mogao da pobegne s dvora i što je na svome posedu proveo vreme koje drugi provode u Fontenblou; s drugima priča različite priče; zatim, vraćajući se ovome: »Imali ste, kaže on, lepo vreme u Fontenblou; verovatno ste često išli u lov?« Započinje zatim priču koju zaboravlja da privede kraju, smeje se u sebi, prasne u smeh zbog neke prolazne misli, odgovara sam sebi, pevuši kroz zube, zvižduće, svali se na stolicu, žalostivo jekne, zeva, misli da je sam. Nađe li se na nekom ručku, opazićete kako se neosetno na njegovom tanjiru uvećava količina hleba; a, međutim, njegovi prijatelji nemaju ni hleba, ni noževa, ni viljušaka, jer on im ne dopušta da se duže služe njima. Da bi se hrana lakše uzimala, izumljena je poveća kašika; on je uzima, uranja u posudu, puni je, prinosi ustima, i ne dolazi k sebi od čuda kad vidi kako se supa koju je upravo progutao prosula po njegovom odelu. Ne seti se da pije za vreme celog obeda, ili, ako se seti i ako mu se učini da su mu dali previše vina, on *izlije* više od polovine tog vina u lice onome koji mu sedi zdesna; ostatak mirno popije i ne može da shvati zašto svi umiru od smeha samo zato što je on bacio na tle suvišak koji su mu sipali. Jednog dana je, osetivši se nešto slabo, ostao u krevetu. Posetili su ga; oko njega se sakupio krug ljudi i žena koji s njim razgovaraju, a on u njihovom prisustvu podiže svoj jorgan i pljuje na plahte. Pokazuju mu Šartre i manastir ukršen slikama napravljenim rukom jednog velikog slikara. Kaluđer koji im objašnjava te slike, govori o svetom Brunu, o kanoniku i njegovom životu, pravi od toga priču i pokazuje je na jednoj od njegovih slika. Menalk, koji je za vreme objašnjenja van manastira i ko zna gde, najzad dolazi i pita oca ko je bio proklet, kanonik ili sveti Bruno. Slučajno je susreo jednu mladu udovu; govori joj o njenom pokojnom mužu i pita kako je umro. Ta žena kojoj pripovedanje samo oživljava boli, plače, grca i do sitnica govori o razvoju bolesti svog supruga, od one noći pred groznicu, kad se još osećao sasvim dobro, pa sve do bunila. *Gospođo,* pita Menalk, koji je prividno s pažnjom slušao, *da li ste imali samo tog muža?* Rešava jednog jutra da što pre obeduje; ustaje od stola pre voća i pozdravlja se s društvom. Tog dana ga sreću na svim mestima po gradu, sem na onom gde je zakazao sastanak u tačno vreme zbog one obaveze koja ga je sprečila da jede na miru i prisilila da iziđe peške iz straha da će dugo čekati dok mu se spreme kočije. Čujete li ga kako se dere, kako grmi i kako se srdi na jednog od svojih slugana? Začuđen je što ga više ne vidi. »Gde li je? — kaže on — šta radi? Šta je s njim? Neka se više ne pojavljuje preda mnom, ne treba mi od sada.« Sluga se vraća, a on ga s visine pita odakle dolazi; ovaj mu odgovara da dolazi odande gde ga je bio poslao i podnosi mu veran izveštaj o poslu koji je obavio. Smatraćete ga često za sve ono što on nije; za tupoglavca zato što ne sluša, a još manje govori; za ludu jer, sem toga što sam govori, ne može da izbegne izvesne grimase i neželjene pokrete

61

glavom; za uobraženog i neučtivog, jer kad ga pozdravite, on prođe, a da vas i ne pogleda ili gleda u vas ne uzvraćajući vam pozdrav; za nesmotrenog, jer govori o bankrotu u društvu porodice koja je to doživela; jer govori o izvršenju smrtne kazne i o stratištu pred čovekom koji je tako izgubio oca; o neplemićima pred ljudima građanskog porekla koji su bogati i prave se da su plemićkog soja. Takođe ima nameru da pod svojim okriljem othrani svog vanbračnog sina pod imenom i ličnošću sluge; pa iako želi da ga prikrije od svoje žene i dece, po deset puta na dan mu se omakne da ga nazove svojim sinom. Isto tako je odlučio da svog sina oženi kćerkom nekog trgovca, a s vremena na vreme, govoreći o svojoj porodici i precima, ne propušta priliku da kaže kako su Menalkovi uvek sklapali brakove sa sebi ravnima. Najzad, on u društvu nije ni prisutan ni pažljiv za razgovor koji se vodi; i misli i govori istovremeno, ali stvar o kojoj govori retko je ona na koju u tom trenutku misli; stoga govori nesređeno i nepovezano; kad kaže *ne*, trebalo bi najčešće reći *da*, a kad kaže *da*, verujte da želi da kaže *ne*; dok vam tako tačno odgovara, gleda vas pravo u oči; ali ništa ne vidi, ne gleda ni vas, ni bilo kog drugog, niti išta na svetu; sve ono što se dâ izvući iz njega, i to u trenutku kad se najviše trudi i kad je najdruželjubiviji, to su ove reči: *Da, stvarno. Zaista. Dobro. Stvarno. Da, da! Mislim da je tako. Naravno. Ah, bože!* i još neke jednosloženice koje upotrebljava tamo gde im nije mesto. Takođe nije s onima u čijem se prisustvu nalazi: najozbiljnije se svom lakeju obraća s *gospodine;* a svog prijatelja zove *La Verdire*[*]; on kaže *vaša smernosti* knezu kraljevske loze, a *vaša visosti* nekom jezuiti. Sluša misu; sveštenik kihne, a on mu kaže: *Bog vam pomogao!* Nađe se kod nekog sudije; taj čovek ozbiljnog karaktera, pun dostojanstva zbog svojih godina i svog položaja, pita ga o nekom događaju i raspituje se da li se to tako zbilo; Menalk mu odgovara: *Da, gospođice.* Jednom se vraćao sa svog poseda; njegove livrejisane sluge htedoše da ga opljačkaju i uspeše u tome; izađoše iz njegovih kočija, podneše mu buktinju pod grlo, zatražiše mu kesu s novcem, i on im je dade; kad se vratio kući, on ispriča svoju zgodu prijateljima koji ne propustiše priliku da se o tome više raspitaju, a on im odgovori: *Pitajte moje ljude, oni su bili sa mnom.*

Neučtivost nije greh duše, ona je posledica više grehova: niske taštine, nepoznavanja svojih obaveza, lenjosti, gluposti, rasejanosti, nipodaštavanja drugih, ljubomore; pošto se neučti-

---

* Ime sluge. — (*Prim. prev.*).

vost ogleda samo iz vana, ona je utoliko mrskija, jer to je greška koja se uvek vidi i očituje; u svemu tome istina je da ona vređa manje ili više, zavisno od razloga iz kojeg je nastala.

Reći o nekom srditom, prevrtljivom, svadljivom, zlovoljnom, zajedljivom, hirovitom čoveku: »To je njegova narav«, to nije izvinjenje, kao što se misli, već nesvesno priznanje da su te velike mane neizlečive.

Ljudi su u potpunosti zapostavili ono što se naziva naravi; trebalo bi da shvate da nije dovoljno da budu dobri, već da je neophodno da se i ponašaju kao takvi, ako bar žele da budu društveni, sposobni za ujedinjenje i međuljudske odnose, što znači, u stvari, da budu ljudi: niko od zlih duša ne traži da budu blage ili poslušne; njima nikad ne nedostaje ni blagosti ni poslušnosti i one im služe kao zamke da bi uhvatili lakoverne i istakli sva svoja lukavstva; mi bismo želeli da oni koji imaju dobro srce budu uvek gipki, dobroćudni, umilni i da ponekad ne važi kao istina to da samo zli štete, te da dobri zbog toga izazivaju u nama sažaljenje.

Ljudi najčešće idu od besa do uvrede; neki postupaju različito; oni vređaju, a potom se ljute; neočekivanost jednog takvog postupka otklanja svaku mogućnost osvete.

Ljudi se ne trude toliko da učine neko zadovoljstvo svaki put kad im se za to ukaže prilika: čini mi se da ljudi vrše neke službe tek da bi obavezali svet, a da pri tom ništa ne učine; ono prvo, ono što se najpre javi, to je odbijanje, a na pristanak se odlučuje tek posle razmišljanja.

Morate prvo da tačno znate šta možete očekivati od ljudi uopšte i od svakog od njih pojedinačno, i tek se onda bacite u stvaranje odnosa sa svetom.

Ako je beda majka zločina, pomanjkanje duha možemo nazvati njegovim ocem.

Retko nečastan čovek može imati duha, a um koji je ispravan i bistar vodi najzad prema zakonu, poštenju, vrlini; nema ni razuma ni pronicljivosti u onome ko se tvrdoglavo drži zla i laži; uzaludni su napori da ga popravimo pomoću satire koja ga otkriva drugima, a gde se on sam ne prepoznaje; to su uvrede izrečene na uši gluvoga. Bilo bi poželjno, u ime zadovoljstva časnih ljudi i javne osvete, da lupež ne bude baš takav lupež koji je bez ikakvih osećanja.

Postoje gresi koje nikome ne dugujemo, koje imamo od rođenja i koje pojačavamo svojim načinom života; postoje drugi koje stičemo i koji su nam strani; katkad se rodimo dobroćudni, uslužni, željni da se dopadnemo; ali, zbog odnosa s onima s kojima živimo ili od kojih ovisimo, uskoro smo bačeni van naših granica i naše prirodnosti; počinjemo da patimo i da se žestimo onako kako to nikada nismo činili, otkrivamo u sebi drugu ćud, a najzad smo iznenađeni kad uvidimo da smo grubi i neljubazni.

Često se pitamo zašto ljudi ne stvore zajednički jedan narod i zašto nisu hteli da govore jednim jezikom, da žive po istim zakonima, da se dogovore o istim događajima i istim obredima. Kad pomislim na razlike među duhovima, ukusima, osećanjima, ja se čudim kako sedam ili osam ljudi živi pod istim krovom, u istoj kući, i čini jednu porodicu.

Ima čudnovatih očeva čiji se čitav život sastoji u tome da svojoj deci pruže dovoljno razloga da se brzo uteše zbog njihove smrti.

Sve je daleko od prirode, od naravi i od običaja većine ljudi: taj i taj je ceo život bio zlovoljan, nagao, škrt, podao, potčinjen, marljiv, samoživ, a rođen je vedar, miran, nemaran, velikodušan, pun srčanosti, i svaka mu je niskost bila strana. Životne neminovnosti, stanje u kojem se nađemo, zakon nužnosti, sve to sili prirodu i izaziva u njoj te značajne promene. Stoga se jedan takav čovek ni svojom suštinom ni samim sobom ne može objasniti; mnoštvo stvari koje su izvan njega slabe ga, potresaju, menjaju; on, u stvari, nije ni onakav kakav je niti onakav kakav se čini.

Život je kratkotrajan i mučaljiv, sav je ispunjen iščekivanjima; odlažemo svoj mir i svoje radosti za buduće dane, najčešće za ono vreme kad nas napuste najmilija blaga, zdravlje i mladost. To vreme dođe i prene nas u našim željama: jer čeznemo i onda kad nas bolest zgrabi i ugasi; a kad bi našli leka, bilo bi to tek produženje naših čežnja.

Dok nešto očekujemo, prepuštamo se u potpunosti onima od kojih nešto očekujemo; čim osetimo da ćemo biti uslišeni, počinjemo da odlažemo, ugovaramo, uzmičemo.

Svakom je poznato da čovek ne može da bude srećan, a jasno je da se svako dobro kupuje bezbrojem patnji, te ako nam se ukaže i lak posao mi mu prilazimo s nepoverenjem: mi ne shvatamo da nam može koristiti i ono u šta nismo uložili mnogo truda, ili da do postavljenog cilja možemo bez muke dospeti ukoliko smo preduzeli odgovarajuće mere: ubeđeni smo da zaslužujemo lepe uspehe, ali smo ubeđeni i u to da im se ne smemo često nadati.

Čovek koji kaže da nije rođen pod srećnom zvezdom, mogao bi postati srećan videći sreću svojih prijatelja i svojih najbližih. Zavist mu uskraćuje tu poslednju nadu.

Ma šta da sam prethodno rekao, najverovatnije je da ojađeni greše: ljudi izgledaju kao da su rođeni za nevolju, za patnju i bedu, a malo je onih koji tome izbegnu; a, kako svakakva nemilost može da se sruči na njih, trebalo bi da je spremni očekuju.

Ljudima je tako teško da nađu zajednički jezik u mnogim stvarima, oni se tako grčevito bore zbog najmanjih interesa, plaše se teškoća, veoma su skloni obmanjivanju, a kako ne žele da budu prevareni, mnogo drže do onog što je njihovo, dok ono što pripada drugima uopšte ne cene, pa mi nije jasno, priznajem, na koji način i kako se sklapaju brakovi, ugovori, pogodbe, mir, zatišje, sporazumi, savezi.

Kod nekih ljudi nadutost nadoknađuje veličinu; nemilosrdnost nadoknađuje odlučnost, a podlost čistotu duha.

Podlaci smatraju da su i drugi ljudi kao i oni; njih je nemoguće prevariti, a i oni sami ne varaju duže vremena.

Lako ću se iskupiti što sam podlac, prihvatim li da budem glup i da me smatraju za takvog.

Nikad ne varamo da bismo nekog usrećili, jer podlost se u obmanjivanju služi pakošću.

Kad bi se smanjio broj lakovernih ljudi, bilo bi manje i onih koje nazivamo prepredenim i snalažljivim, a i onih koji su isto toliko tašti koliko i uvaženi što su tokom svoga života varali druge. Kako hoćete da *Erofil*, koji, neispunjavanjem svojih obećanja, mračnim poslovima, podlošću, ne samo da nije naškodio sebi već je bio obasut počastima i dobrotom upravo od onih koje je obmanjivao i koje nije zadužio, ne ceni samoga sebe i svoju sposobnost?

Prolazeći trgovima i ulicama velikih gradova, iz svih usta čujete samo reči kao što su *sudski poziv, zaplena, saslušavanje, zaduženje, parničenje:* zar nema na svetu ni trunke pravičnosti? Zar je svet nastanjen samo onima koji bez imalo griže traže ono što nije njihovo, i koji pred svima odbijaju da vrate ono što su dužni da vrate?

Papiri izmišljeni da opomenu i dokažu ljudima njihova obećanja — nek ih se čovečanstvo stidi!

Kakav bi mir zavladao u najvećim gradovima kad bi nestalo strasti, koristoljublja, nepravde! Potrepštine i borba za život ne predstavljaju ni trećinu čovekovih briga.

Nekog razumnog čoveka ništa ne navodi da mirno podnosi uvrede od strane svojih roditelja i prijatelja, kao što ga na to navodi razmišljanje o ljudskim gresima, i o tome kako je ljudima teško da budu čvrsti, velikodušni, odani, i ispunjeni prijateljstvom jačim od njihovog koristoljublja; kako poznaje njihove mogućnosti, neće tražiti od njih da se uvlače tamo gde je nemoguće proći, neće tražiti da lete kroz vazduh, da znaju šta je pravda. On može da oseća mržnju prema celokupnom ljudskom rodu koji nije obdaren vrlinom; ali nalazi opravdanje za pojedince, štaviše, voli ih iz viših pobuda, i pokušava da što manje zasluži sličnu popustljivost.

Postoje izvesna blaga koja žarko priželjkujemo, te nas i sama pomisao na njih ushićuje i nosi; dogodi li se da steknemo ta blaga, odnosimo se prema njima mirnije nego što bismo to i pomislili, a želja za većim blagom umanjuje nam zadovoljstvo onog što posedujemo.

Postoje strašne patnje i užasna stradanja na koja i ne smemo da pomislimo, a samo saznanje da ona postoje izaziva u nama jezu; dogodi li se da zapadnemo u njih, pronađemo u sebi takve snage kakvih uopšte nismo ni bili svesni, opiremo se svojoj zloj kobi i postupamo bolje nego što bismo se tome i nadali.

Katkad je sasvim dovoljna lepa kućica koju smo nasledili, lep konj i milo pseto čiji smo gospodari, tapiserija i zidni sat, da bi ublažili veliku patnju i manje osetili veliki gubitak.

Pretpostavljam da su ljudi večni na zemlji, i zatim se upuštam u razmišljanje o tome kako bi se tek borili za svoj položaj s mnogo više žestine nego što to čine u ovakvim prilikama.

Ako je život bedan, onda je nepodnošljiv; ako je srećan, strašno je što prestaje: sve se svodi na jedno.

Ne postoji ništa što ljudi tako žele sačuvati, a o čemu se tako slabo staraju, kao što je život.

Irena uz velike izdatke putuje u Epidaur, posećuje Eskulapa u njegovom hramu i traži savete za sve svoje nevolje. Pre svega, žali se da je umorna i malaksala od napora; a bog joj govori da se tako oseća zbog dugog putovanja koje je poduzela: ona zatim kaže kako uveče slabo jede; mudrac joj naređuje da smanji obroke: Irena dodaje da je muči nesanica, a on joj preporučuje da spava samo noću: ona ga pita zašto je sva klonula i ima li leka: mudrac joj odgovara da ustaje pre nego što odzvoni podne i neka se katkad koristi svojim nogama i za hodanje: Irena ga izveštava da joj vino ne prija; mudrac joj kaže da pije vodu; ona mu kaže da ima smetnje u stomaku, a on joj kaže, da pazi kakvu hranu uzima. »Sve slabije vidim, nastavlja ona. — Nabavite naočare, kaže Eskulap. — I ja sam sve slabija, kaže Irena. — To je zbog toga, kaže bog, što starite. — Ali kako izlečiti ovu iznemoglost? — Najpre, Ireno, ako umrete, isto kao i vaša majka i vaša baba. — Apolonov sine, uzviknu Irena, zar me tako savetujete? Zar je to sva mudrost o kojoj ljudi govore i zbog koje vas cene širom sveta? Niste me naučili ničemu dragocenom i nepoznatom, a ja sam znala za sve te lekove o kojima mi govorite! — Zašto se niste njima koristili, odgovori bog, jer u tom slučaju ne biste dolazili iz tolike daljine, skraćujući svoj život jednim tako dugim putovanjem?«

Smrt samo jednom dođe, a osećamo je tokom čitavog života; mnogo je teže predosećati je nego podneti.

Nespokojstvo, strah, malodušnost ne otklanjaju smrt, naprotiv; ali isto tako mislim da ni neumeren smeh ne priliči smrtnim ljudima.

Ono što je najizvesnije u smrti, donekle je ublaženo velom neizvesnosti; to je neodređenost u vremenu koja sadrži deo beskonačnosti i deo onoga što nazivamo večnošću.

Mislimo na to da ćemo, kao što sada uzdišemo za bujnom mladošću koje više nema i koja se neće ponoviti, i u dubokoj starosti isto tako žaliti za godinama pune zrelosti u kojima se sada nalazimo i koje nedovoljno cenimo.

Mi se plašimo starosti, a strepimo da je nećemo dočekati.

Nadamo se da ćemo ostariti, a plašimo se starosti, to jest volimo život, a izbegavamo smrt.

Čoveku je lakše da se prepusti prirodi i da strahuje od smrti nego da se neprekidno bori, da se oruža razumom i mislima i da stalno bude u sukobu sa samim sobom da ne bi strahovao od smrti.

Kad bi od svih ljudi jednima bilo suđeno da umiru, a drugima da uvek žive, smrt bi predstavljala neutešnu bol.

Duga bolest kao da stoji između života i smrti, kako bi sama smrt došla kao olakšanje i onima koji umiru i onima koji nastavljaju da žive.

Ljudski govoreći, smrt je lepa utoliko što okončava starost.

Smrt koja preduhitri duboku starost dolazi u bolji čas nego ona koja tu starost okonča.

Kajanje koje se budi u ljudima što su nekorisno straćili vreme koje je već proteklo ne služi im kao opomena da ono vreme koje im je preostalo mnogo bolje upotrebe.

Život je san. Starci su oni koji su najduže spavali; tek onda kad se približi smrt, oni se bude. Ako se u tom trenutku prisete svog proteklog života, najčešće ne nađu nijednu vrlinu, ili hvale dostojno delo po kojima bi se razlikovali jedni od drugih; oni poistovećuju razna razdoblja svoga života i ne vide ništa pomoću čega bi mogli da izmere vreme koje su proživeli: jer njihov je san bio nejasan, jednoličan i nepovezan; ipak osećaju, poput onih koji se bude, da su dugo spavali.

— Čovek doživi samo tri trenutka: rađa se, živi, umire; on nije svestan svog rođenja, boji se da umre, a zaboravlja da živi.

Postoji jedan deo života kad razuma još uvek nema, u kojem živimo nagonski, slično zverima, i od njega u našem pamćenju ne ostaje ni tračka.

Postoji jedan drugi deo kad se um razvija, kad je razum već oformljen, i kad bi mogao da bude koristan da nije zasenjen i kao prigušen gresima naravi, i mnoštvom strasti koje se nadovezuju i vode do trećeg, tj. poslednjeg doba. Razum, budući u punoj snazi, trebalo bi da stvara; ali on je oslabljen i sputan godinama, bolešću i patnjom, a najzad i poremećen opštim rasulom dotrajale mašine: pa ipak te delove nazivamo ljudskim životom.

Deca su gorda, prezriva, obesna, zavidna, radoznala, škrta, lenja, lakomislena, stidljiva, neumerena, lažljiva, dvolična; sklona su i smehu i plaču; zbog najmanjih stvari ona osećaju neumerene radosti i gorke tuge; ona ne vole da im se nanosi zlo, a rado ga čine: tad su već ljudi.

Deca nemaju ni prošlosti ni budućnosti, a nalaze zadovoljstvo u sadašnjosti — što se nama nikad ne događa.

Karakter detinjstva izgleda jedinstven, u tim godinama naravi su prilično slične, i tek kad se radoznalo udubimo, otkrivamo razliku; ona se uvećava zajedno s razumom koji sa sobom donosi strasti i grehe, zbog koji se ljudi tako mnogo međusobno razlikuju i sukobljavaju sa samim sobom.

Deca po prirodi imaju razvijenu maštu i pamćenje, to jeste imaju upravo ono što starci više nemaju; i mašta i pamćenje im najlepše služe za njihove male igre i za sva njihova zadovoljstva: pomoću njih ponavljaju ono što su čula i oponašaju ono što su videla; bave se svačim, bilo da se istinski trude oko hiljadu sitnih poslova, bilo da oponašaju različite zanatlije svim svojim kretnjama; učestvuju na nekom sjajnom slavlju, i tu se dobro provode; prenose se u dvorce i na čarobna mesta; iako su sama, zamišljaju da su u bogatoj opremi i s velikom pratnjom; predvode vojske, ratuju i uživaju u slastima pobede; druže se s kraljevima i najodličnijim knezovima, sama postaju kraljevi, imaju podanike, poseduju bogatstva koja mogu da naprave od listova drveća i zrnaca peska, ono što će u kasnijim godinama zaboraviti, znaju u to doba; ona odlučuju o svom bogatstvu i sama su gospodari svoje sreće.

Deca primećuju sve vidljive grehe i telesne mane; ona ih primete na prvi pogled, a znaju da to zapažanje iskažu pristalim rečima; ne postoje srećnije odabrane reči od tih;

onda kad postanu ljudi, na njih se sruče sva nesavršenstva kojima su se rugala.

Jedina dečja briga sastoji se u tome da se pronađe slaba tačka njihovih učitelja, i svih onih koje moraju da slušaju: čim ih ispipaju, postaju nadmoćna i stiču nad njima vlast koju više ne ispuštaju iz ruku. Ono zbog čega smo prvi put izgubili vlast u odnosu na njih, upravo je ono što nas uvek sprečava da ponovo postanemo nadmoćni.

Lenjost, nehajnost, nerad, gresi koji toliko priliče deci, nestaju u njihovim igrama, gde ona postaju tako živahna, marljiva, tačna, zaljubljena u pravila i srazmernost, gde se ni greške ne praštaju i gde i sama otpočinju po nekoliko puta ono u čemu su pogrešila: sigurni znaci da će jednoga dana zanemariti svoje obaveze, ali da neće zaboraviti ništa što im pruža zadovoljstva.

Deci se sve čini veliko: dvorišta, bašte, građevine, nameštaji, ljudi, životinje: ljudima tako izgleda sve ono što pripada otmenom svetu, i ja se usuđujem da kažem da je to iz istog razloga, zato što su mali.

Dečji odnosi su iz početka demokratski; svako je tu vladar sam za sebe, ali, što je sasvim prirodno, ne uživaju duže vremena u tome i prelaze na monarhiju: neko se izdvoji, ili svojom spretnošću, ili snagom svojih mišica, ili većom upućenošću u različite igre i male zakone na kojima te igre počivaju; ostali mu popuštaju i tada nastaje apsolutna vladavina koja počiva na zadovoljstvu.

Ko sumnja da deca ne poimaju, da ne donose zaključke i da razumno ne razmišljaju? Ako se to odnosi samo na male stvari, razlog je u tome što su još uvek deca i što nemaju većeg iskustva; a ako ne pronalaze prave izraze da to iskažu, manje su krivi nego njihovi roditelji ili njihovi učitelji.

Ništa lakše nego izgubiti dečje poverenje, ili im postati sasvim nepotreban, kad ih kaznimo za nepočinjene, a strogo za sasvim bezazlene greške; deca tačno i bolje od bilo koga znaju ono što zaslužuju, a zasluže jedino ono od čega strepe: ona su svesna kad ih kažnjavaju nepravedno ili s razlogom, a podjednako se kvare pogrešnim kaznama kao i nekažnjavanjem.

Ne živimo toliko da bismo izvukli korist iz svojih pogrešaka; grešimo celog života, a sve što možemo postići grešeći, to je da umremo popravljeni.

Ništa nam ne uzburka krv kao kad uspemo da izbegnemo kakvu grdnju.

Pričati o svojim greškama više je nego naporno; želimo da ih prikrijemo ili da ih pripišemo drugima: to je ono što daje prednost dušebrižniku nad ispovednikom.

Greške glupaka su ponekad teške i skoro nepredvidive, tako da su i mudraci nemoćni pred njima, a koriste jedino onima koji ih čine.

I najveći ljudi se zbog svoje uskogrudnosti srozavaju do niskosti svetine.

Iz taštine ili uglađenosti činimo iste stvari i na isti način kao što bismo ih činili iz naklonosti ili iz obaveze. Nedavno je u Parizu jedan čovek umro od groznice koju je zaradio starajući se oko svoje žene koju uopšte nije voleo.

Ljudi u duši priželjkuju da ih drugi poštuju, i pažljivo kriju tu želju, jer ljudi žele da ih svi smatraju za čestite, a izvlačiti iz vrline nešto vrednije od vrline same, hoću da kažem: ugled i laskanje, to znači ne biti više čestit, već voleti ugled i laskanja ili biti tašt: ljudi su puni taštine, a najmrže im je kad ih smatramo za takve.

Tašt čovek se zadovoljava time što govori ili dobro ili loše o sebi; skroman čovek uopšte ne govori o sebi.

Nikad se bolje ne vidi kako je taština smešna i koliko je taj porok prljav kao u tome što nema hrabrosti da se pokaže i što se zaogrće lažnim ruhom.

Lažna skromnost je krajnja prepredenost taštine; zbog nje tašt čovek nikome ne izgleda takav i ističe se baš onom vrlinom koja je suprotna poroku koji sačinjava njegov karakter: a to je obmana. Hvalisavost je podvodna hrid na koju se taština nasuče; hvalisavost nas navede da želimo da nas poštuju po onome što se zaista i nalazi u nama, ali što je beznačajno i nedostojno da bi se o tome govorilo: to je zabluda.

Ljudi, kad se o njima radi, govore na taj način što priznaju samo manje greške, i to upravo one koje navode na pomisao kako su njihove ličnosti izuzetno darovite i vredne. Isto tako oni se žale da slabo pamte, ali su zadovoljni svojom velikom pameću i razborom; kad ih neko prekori zbog odsutnosti i sanjarenja, ponašaju se kao da su im pripisane izuzetne umetničke sposobnosti: za sebe govore da su nesposobni i da ništa ne mogu da stvore svojim rukama, veoma utešeni što su te neznatne sposobnosti izgubili u ime onih duhovnih, po kojima ih svi znaju; priznaju svoju lenjost, ali izrazima koji uvek znače izvesnu ravnodušnost, i tvrde da su pobedili slavoljublje; ne stide se svoje nemarnosti, jer ona proističe iz zapostavljanja malih stvari i jer kao da pokazuje kako se oni brinu samo o trajnim i značajnim stvarima. Ratnik voli da kaže kako se zbog velikog požrtvovanja i radoznalosti jednog dana našao u rovu, ili na nekom drugom pogibeljnom mestu, iako nije bio određen da stražari, niti da vrši neku drugu dužnost, i dodaje kako ga je njegov general pozvao na odgovornost. Štaviše neka mudra glava ili jak um, rođen s tom razboritošću koju drugi ljudi uzalud pokušavaju da steknu, koji je velikim iskustvom ojačao svoj duh; koji se samo bavi brojem, težinom, raznolikošću, naporom i važnošću poslova, ali koji se zbog toga ne iscrpljuje; koji, širinom svojih pogleda i oštroumnošću gospodari nad svim što se zbiva; koji, i ne pomišljajući da čita sve rasprave o državi i politici, predstavlja možda jednu od onih plemenitih duša koje su došle na svet da bi vladale nad drugima i prema kojima su pravljeni prvi zakoni; koji je, zbog velikih stvari kojima se bavi, zanemario lepe i ugodne koje bi mogao da pročita, a koji, s druge strane, ne gubi ništa dok sve preživljava i prevrće, da tako kažem, po svome životu i svojim delima: takav čovek može sasvim mirno i bez ikakve bruke da izjavi kako ne poznaje nijednu knjigu, i kako nikad ne čita.

Želimo ponekad da skrijemo svoje slabosti ili da umanjimo tuđe mišljenje otvorenim priznanjem. Onaj koji ništa ne zna, kaže: »Ja sam neznalica«; neko drugi, ko ima preko šezdeset godina, kaže: »Ja sam star«; a onaj koji je siromašan kaže: »Ja nisam bogat.«

Skromnost ne postoji, ili je možemo smatrati za nešto sasvim suprotno, ako je ubrojimo u unutarnja osećanja koja uniziju čoveka u njegovim vlastitim očima, a koja predstavljaju natprirodnu vrlinu koju su ljudi nazvali smernošću. Čovek po svojoj prirodi misli visoko i nadmeno o sebi, i samo o sebi; skromnost je tu samo zato da niko zbog toga ne bi patio; ona je spoljna vrlina koja usmerava njegove oči, njegov hod, njegove reči, boju glasa i čini da se čovek u svojim postupcima ophodi s drugima kao da nije istina da ih smatra za nevažne.

Svet je pun ljudi koji, poredeći spolja i iz navike sebe s drugima, uvek donose odluku u korist sopstvenog ugleda i ponašaju se shodno tome.

Kažete da treba biti skroman, i znajte da oni koji potiču iz plemićkih porodica žele da su takvi; sprečite samo da ljudi ne pregaze one koji popuštaju zato što su skromni i ne skrše one koji se savijaju.

Takođe kažu: »Treba se skromno oblačiti«; ugledne osobe ne traže ništa više: ali svet hoće da vidi nakite, te mu ispune tu želju; svet je željan nepotrebnog sjaja, pa mu ga pokazuju; neki ljudi cene druge samo prema lepom odelu i skupocenom ruhu, te ovi često prihvataju i takve uslove da bi bili poštovani; na nekim mestima se treba pokazati; a zavisno do toga da li je vaša zlatna traka šira ili uža, propustiće vas ili će vas sprečiti da uđete.

Naša taština i previsoko mišljenje koje imamo o sebi bude sumnju da su drugi oholi u odnosu na nas, što oni ponekad i jesu, a najčešće nisu: skroman čovek ne vodi računa o takvim stvarima.

Kao što treba da se branimo od taštine zbog koje pomišljamo da nas drugi s radoznalošću i divljenjem gledaju, i da se svi njihovi razgovori svode na to da se dive našem ugledu i da nas hvale, isto tako trebalo bi da budemo malo samopouzdaniji jer onda ne bismo pomišljali da nas ljudi ogovaraju kad govore jedni drugima na uho ili da se smeju samo zato što žele da nas izvrgnu ruglu.

Zašto me *Alsip* danas pozdravlja, zašto mi se smeška i hita iz kočija uplašen da ću mu se izgubiti? Niti sam bogat niti imam kočije, stoga i ne mora da me primeti: ako me ipak primećuje, nije li to tek zato da bi sam bio viđen u kolima s nekim uglednim plemićem?

Tako smo ispunjeni sobom da se sve odnosi na nas; volimo da nas vide, da se pokažemo, da nas pozdrave čak i oni nepoznati; smatramo ih uobraženima ako to ne učine; želimo da nas svi prepoznaju.

Tražimo našu sreću izvan nas i u sudovima ljudi koje smatramo laskavim, neiskrenim, nepravednim, zavidnim, hirovitim i punim predrasuda; kako je to smešno!

Čini nam se da smeh izazivaju samo smešne stvari; vidimo, međutim, neke ljude kako se jednako smeju i smešnim stvarima i onima koje nisu smešne. Ako ste glupi i nesmotreni, i ako istrčite s nekakvom nepromišljenošću, smejaće vam se; ako ste obrazovani i ako govorite samo o pametnim stvarima, i onako kako te stvari treba reći, opet će vam se smejati.

Oni koji nam oduzimaju naša stečena blaga pljačkom i nepravednošću i koji nas klevetama lišavaju časti, jasno nam pokazuju da nas mrze; ali nam time ne dokazuju da prema nama ne gaje nikakvo poštovanje: zato u nama ostaje sposobnost da promenimo mišljenje i da se jednoga dana ponovo sprijateljimo s njima. S druge strane, podsmeh je na uvreda koja se najteže prašta; ona je jezik prezira i jedan od puteva da se taj prezir najbolje iskaže; podsmeh nagriza čoveka i u njegovom poslednjem skloništu, a to sklonište je, u stvari, mišljenje koje čovek gaji o samom sebi; podsmeh želi da ga ismeje u njegovim vlastitim očima, ubeđujući ga tako da su ljudi najlošije raspoloženi prema njemu, te čovek ostaje zauvek nepomirljiv.

Čudovišno je zadovoljstvo i lakoća s kojima ismejavamo, ne priznajemo, preziremo druge, ali je isto tako čudovišna i ljutnja koja nas obuzima prema onima koji nas ismevaju, ne priznaju i preziru.

Zdravlje i bogatstvo umanjuju u ljudima svest o postojanju zla, i navode ih na to da budu puni grubosti prema svojoj okolini, a oni ljudi koji već grcaju pod vlastitom bedom, osećaju više sažaljenja prema bedi drugih.

Izgleda da blagorodnim dušama slavlje, pozorišne predstave i muzika ukazuju na nesreću naših bližnjih i naših prijatelja, čineći da je još bolje osete.

Velikodušan čovek je iznad uvrede, nepravde, patnje, podsmeha i bio bi neranjiv da ne saučestvuje u patnji drugih.

U onima koji su srećni javlja se neka vrsta stida pred tuđom bedom.

Vrlo brzo otkrivamo naše i najmanje prednosti, ali sporo uočavamo naše mane; znamo da imamo lepe obrve, lepe nokte; ali tek naslućujemo da smo ćoravi, a uopšte nismo svesni da nemamo duha.

Argira skida rukavicu da bi pokazala svoju lepu ruku i ne propušta priliku da otkrije cipelicu koja nas navodi na pomisao da ima malu nogu; podjednako se smeje i zabavnim i ozbiljnim stvarima kao bi pokazala svoje lepe zube; ako pokazuje uho, čini to da bi istakla njegovu skladnost, a ako nikad ne pleše, to je stoga što nije zadovoljna svojim pomalo zaobljenim stasom; ona shvata sva svoja preimućstva, izuzev jedno, jer govori stalno, iako nema duha.

Ljudi nipodaštavaju sve vrline srca, a dive se telesnim i duhovnim sposobnostima: onaj koji smireno i ne pomišljajući da time vređa skromnost, izjavi za sebe da je dobar, da je pouzdan, veran, iskren, pravičan, zahvalan, nema hrabrosti da kaže da je živahan, da ima lepe zube i glatku kožu: to je previše.

Tačno je da se ljudi dive dvema vrlinama, hrabrosti i darežljivosti, jer postoje dve stvari koje oni više poštuju, a o kojima ove dve vrline ne vode računa, to su život i novac: stoga niko o sebi ne govori da je hrabar i darežljiv.

Niko o sebi ne govori, naročito ne bez povoda, da je lep, velikodušan, nedostižan: te osobine su na vrlo velikoj ceni; zadovoljavamo se time što ih u mislima pripisujemo sebi.

Ma kakva da je sličnost između zavisti i borbe za prestiž, one su jedna od druge isto tako udaljene kao porok od vrline.

Zavist i borba za prestiž očituju se na istom predmetu, a to je tuđe bogatstvo ili ugled, s tom razlikom što je borba za prestiž svesno, odlučno i iskreno osećanje koje obogaćuje dušu, koje joj ukazuje na velike primere, i često je uzvisuje iznad onoga prema čemu oseća divljenje; a zavist je, s druge strane, neobuzdani nagon i usiljeno priznanje tuđeg ugleda; ona ide tako daleko da poriče vrlinu tamo gde ova postoji, a prinuđena da je prizna, uskraćuje joj svaku pohvalu ili joj zavidi na svemu čime je ukrašena; isprazna strast koja čoveka ostavi tamo gde ga zatekne, koja ga ispuni sopstvenom ličnošću i idejom o ugledu; koja ga čini hladnim i ukrućenim za sve poslove i dela drugih ljudi, koja u njemu budi čuđenje kad vidi kako na svetu postoje i druge vrednosti osim njegovih, i drugi ljudi s istim sposobnostima kojima se on ponosi: zavist je niski porok koji, previše istaknut, prelazi u taštinu i nadutost, a onoga koji je njome ispunjen uverava ne samo da ima više duha i ugleda nego ostali već u njemu budi pomisao da je on jedini obdaren duhom i ugledom.

Borba za prestiž i zavist rađaju se tamo gde se ljudi bave istim poslovima, koji imaju iste sposobnosti, i koji su istog porekla. Najniži su oni koji su najpodložniji zavisti; oni koji se bave umetnošću, književnošću, slikarstvom, muzikom, razni govornici, pesnici i svi oni koji pišu trebalo bi da se bore isključivo za svoj prestiž.

U svakoj ljubomori postoji neka vrsta zavisti i često se te dve strasti stapaju u jednu. Zavist je, sa svoje strane, katkada odvojena od ljubomore, kao, na primer, zavist koju u našoj duši izazivaju ljudi koji su se svojim položajem daleko vinuli nad nas, zatim velika bogatstva, milost, visoka služba.

Zavist i mržnja sjedinjuju se svakom prilikom i potpomažu se uzajamno u istom čoveku, a mi ih prepoznajemo zato što se jedna odnosi na ličnost čoveka, a druga na njegovo bogatstvo i položaj.

Čovek od duha ne zavidi radniku koji je napravio jedan dobar mač ili kiparu koji je upravo dovršio neki lep oblik; njemu je poznato da u tim poslovima postoje pravila i postupci koje on ne može da prozre, da postoje sprave kojima se rukuje i o kojima on ne naslućuje ni kako se upotrebljavaju, ni kako se zovu, ni kako izgledaju; a da bi se utešio što i u tome nije majstor, dovoljno mu je da pomisli kako nije ni izučavao taj zanat. S druge strane, on može da oseća zavist, čak i ljubomoru, protiv nekog ministra i onih koji vladaju, kao da su razum i razboritost kojima je on obdaren isto kao i oni jedina sredstva za upravljanje državom i vođenje javnih poslova, i kao da bi mogli da zamene zakone, propise, iskustvo.

Retki su duhovi koji su u potpunosti teški i glupavi; još su ređi oni koju su nedostižni i izvanredni; obični svet pliva između te dve krajnosti: taj međuprostor je ispunjen mnoštvom ljudi prosečne obdarenosti, ali oni su od velike koristi, služe državi, a u sebi sjedinjuju i korisnost i zabavu, kao što su trgovina, finansije, briga o vojsci, mornarica, umetnosti, zanati, odlično pamćenje, kockarski duh, društvenost i sposobnost konverzacije.

Čoveku koji nema duha ne može koristiti sva duhovnost ovoga sveta; on nema svojih stavova, a nije sposoban da se služi tuđim.

Prvo čovekovo saznanje, pošto izgubi razum, trebalo bi da bude svest o tom gubitku; samo ludilo ne može da se složi s jednim takvim saznanjem; isto tako, kad izgubimo duh, najviše bi nam vredelo priznanje da nam nedostaje: na taj način bismo učinili ono što je nemogućno, znali bismo da i bez duha ne budemo glupi, nadmeni, drski.

Čovek koji je obdaren samo osrednjim duhom, ozbiljan je i utegnut: uopšte se ne smeje, nikad ne zbija šalu, ne nalazi zadovoljstvo u sitnicama; podjednako nesposoban da se vine do velikih stvari kao i da prihvati, opuštajući se, one najmanje: on jedva ima nešto malo smisla da se poigra sa svojom decom.

Za nadmenog čoveka svi kažu da je nadmen, a niko se ne usuđuje da mu to i saopšti: u tom neznanju on dočeka i smrt, a da mu niko nije napakostio.

Kakvo nerazumevanje između duha i srca! Filozof je kraj svih svojih principa nesposoban za život, a političar, pun stavova i misli, ne zna da sam sobom upravlja.

Kao što se sve troši, troši se i duh; razne nauke su njegova hrana, one ga jačaju i troše.

Katkad su ljudi iz nižih staleža obdareni mnoštvom neupotrebljivih vrlina; oni nemaju gde da ih iskoriste.

Postoje ljudi koji bez napora podnose težinu milosti i dostojanstva, koji se sviknu na vlastitu veličinu i ostanu prisebni i na najvišim položajima. Oni, naprotiv, koje je slepa sreća, ne probirajući i ne praveći razlike, podarila silnim blagodetima predaju se uživanjima nadmeno i bez umerenosti; njihov pogled, njihov hod, boja glasa i ophođenja duže odaju u njima zadivljenost koju osećaju prema samima sebi zato što su postali tako istaknute ličnosti, i ostaju tako divlji da ih samo njihova propast može pripitomiti.

Visok i jak čovek, plećat i širokih grudi, bez napora i vrlo rado nosi neki težak tovar; koristi se pri tom samo jednom rukom. Neki patuljak bi se polomio pod tolikom težinom. Slično tome, i veliki ljudi na visokim položajima postaju još veći, a mali još manji.

Postoje ljudi kojima pogoduje da budu čudnovati; oni plove, oni presecaju vale u kojima se drugi nasukuju i lome; oni uspevaju, ne poštujući pravila uspeha; iz svojih nepravilnosti i ludila crpu sve plodove najsavršenije mudrosti, oni su privrženi drugim ljudima, moćnicima kojima su žrtvovali, i u koje su položili svoje poslednje nade. Oni nisu njihove sluge, već zabavljači; ljudi od ugleda i valjanosti koriste moćnicima, jer su im moćnici neophodni, oni ostare uz njih prepričavajući vesele zgode koje se njima čine ravne podvizima i za koje očekuju nagradu; pošto su zabavni, oni pribave za sebe odgovorne dužnosti i u neprekidnoj veselosti uzdižu se sve do najozbiljnijih dostojanstvenika; najzad okončaju i nenadno sretnu smrt koje se nisu plašili niti su joj se nadali. Ono što od njih ostane na zemlji, to je samo primer njihove sreće, tako opasan za svakog ko bi želeo da ga sledi.

Hteli bismo od nekih ljudi koji su jednom bili sposobni da učine plemenito i hrabro delo, o kojem se čulo širom zemlje, da, ne izgledajući iscrpeni od velikog naprezanja, provedu ostatak svoga života mudro i pravedno, kao što to čine obični ljudi; da se nikada ne srozaju do podlosti koje ne bi služile na čast velikom ugledu koji su pribavili; da, ne družeći se s prostim svetom i sprečavajući ga da ih posmatra izbliza, ne dozvole da se radoznalost i divljenje koje taj svet oseća prema njima, pretvori u ravnodušnost, a možda i u prezir.

Pojedine ljude manje staje da se obogate hiljadama vrlina nego da poprave jednu jedinu manu; oni su čak tako nesrećni zato što taj porok najčešće ne odgovara njihovom položaju i što ih u očima sveta može do kraja izvrgnuti ruglu; taj porok umanjuje blistavost njihovih velikih osobina, sprečava ih da budu nepogrešivi ljudi i da se njihov ugled ne poljulja. Od njih se uopšte ne zahteva da budu obrazovaniji, nepodmitljiviji, da budu pristaše poretka i discipline, verniji svojim obavezama, požrtvovaniji u ime naroda, stroži: jedino što se od njih zahteva to je da ne budu zaneseni.

Pojedini ljudi tokom svoga života postanu različiti srcem i duhom, tako da je izvesno da ćemo pogrešiti ako ih ocenjujemo samo prema onome što smo uočili u njihovom detinjstvu. Oni koji su bili smerni, razboriti, pametni, zahvaljujući slabosti koja je neodvojiva od prenaklonjene sreće nisu više takvi. Znamo i za druge koji su otpočeli svoj život zadovoljstvima i koji su sav svoj duh uložili da bi ih upoznali, a koji su zbog nesreća postali pobožni, mudri, krotki: ovi poslednji su u očima sveta veliki ljudi, koji su dostojni našeg poverenja; oni su svoje poštenje dokazali strpljenjem i pretrpljenim nesrećama; oni osećaju, pored velike učtivosti koju treba da zahvale druženju sa ženama, i koje se nikada neće odreći, duh sklon pravilima, razmišljanju, a ponekad i veliku sposobnost koju su stekli svojim radom i voljom zle sudbine.

Sva naša nesreća proizlazi iz toga što ne možemo da budemo sami; tako je nastala kocka, raskoš, rasipništvo, vino, žene, neznanje, zli jezici, zavist, zaborav u odnosu na nas i na boga.

Čovek ponekad kao da nije dovoljan samome sebi; tama i usamljenost ga uznemiruju i bacaju ga u lakomisleni strah i nepotrebne užase; dosada je najmanja od svih nesreća koje mogu da ga zadese.

Dosada je kročila među svet zahvaljujući lenjosti; ona ima velikog udela u ljudskom traganju za zadovoljstvima, za kockom i za društvom. Čovek koji je marljiv dovoljan je samome sebi.

Skoro svi ljudi koriste najlepši deo svoga života da bi upropastili onaj deo koji im preostaje da prožive.

Ima dela koja počinju sa A, a svršavaju se sa Ž: dobro, rđavo, najgore, sve se to nalazi u njima; ništa nije zaboravljeno. Kako su ta dela usiljena, kako su neprirodna! Nazivamo ih igrama duha. Slična igra sastoji se i u načinu života; započeli smo, treba i dovršiti, želimo da napravimo karijeru. Bilo bi bolje da se promenimo ili da prekinemo; ali još je zanimljivije i napornije nastaviti: mi nastavljamo, a protivrečja nas još više raspaljuju, taština nas potpomaže, nadoknađuje razum koji popušta i koji se povlači; primenjujemo ovu prepredenost i u najvrlijim delima, čak i u onima koja raspravljaju o religiji.

Samo nas naše dužnosti opterećuju, jer njihovo obavljanje, svodeći se isključivo na stvari koje ne možemo izbeći, ne povlači za sobom slavopojke, a samo nas one podstiču na hvale vredne pothvate i podržavaju nas u našim naumima. N*** voli velikodušnu pobožnost koja mu pribavlja starateljstvo nad siromasima, daje mu pravo da čuva njihovu svojinu, a svoju kuću pretvara u javno spremište gde se vrši raspodela; crkvenjaci i kaluđerke mogu slobodno da uđu; sav svet vidi njegovu milosrdnost i hvali je; ko bi i pomislio da on nije poštenjačina, sem možda njegovi poverioci?

Žeront umire u dubokoj starosti, a još nije sastavio testament iako je to nameravao punih trideset godina; deset osoba ab intestat deli nasledstvo. On je i doživeo tako duboku starost zahvaljujući brižnosti njegove žene Asterije koja se, iako još mlada, posvetila njemu, ne gubeći ga iz vida, pomažući mu u starosti, a napokon mu je sklopila oči: nije joj ostavio ni toliko sredstava za život koja bi joj omogućila da živi ne tražeći drugog starca.

Dozvoliti da nam propadnu zvanja i prihodi, a da se ne pobrinemo oko toga da ih prodamo ili ustupimo, bar u dubokoj starosti, to pokazuje da smo ubeđeni da se ne nalazimo među onima koji su određeni da umru; a ako verujemo da možemo umreti, takav postupak dokazuje da volimo samo sebe, i samo sebe.

Faust je razuzdan, rasipan, razvratan, nezahvalan, naprasit, pa ipak ga *Aurelije,* njegov ujak, nije mogao ni omrznuti, ni razbaštiniti.

Fronten, Aurelijev nećak, pošto se dvadeset godina, kao što je svima poznato, pošteno i sa slepom poslušnošću brinuo oko tog starca, nije mogao zadobiti njegovu naklonost, a od svega što je ostalo posle starčeve smrti pripala mu je godišnja pomoć koju mu Faust, jedini naslednik, isplaćuje.

Mržnje su tako duge i tako nepopustljive da se kod nekog bolesnog čoveka izmirenje s onima koje mrzi može smatrati najpouzdanijim znakom skore smrti.

Nema čoveka kome se ne možemo ulizati laskajući njegovim strastima koje mu ispunjavaju srce ili saučestvujući s nedostacima koji muče njegovo telo. To je jedini način da im pružimo odgovarajuću pažnju: iz toga proizlazi da se čovekom koji je dobrog zdravlja i kome malo šta nedostaje ne može lako upravljati.

Mekuštvo i strast rađaju se sa čovekom i skupa s njim umiru; ni srećni ni žalosni događaji ne mogu da ga od njih razdvoje: oni su za čoveka ili plod velike sreće ili uteha zbog zle sudbine.

Zaljubljeni starac je veliko izobličenje prirode.

Mnogi se ne sećaju da su nekada bili mladi i kako su s mnogo napora pokušavali da budu čisti i razboriti. Kad se ljudi ostave zadovoljstava, bilo iz pristalosti, iz gađenja, ili zato što moraju da se leče, prva stvar koja im padne na pamet, to je da druge ljude osude zbog tih istih zadovoljstava. Kad se neko tako ponaša, znači da je čvrsto vezan za sve ono čega se upravo odrekao; hteli bismo da svim ljudima ostane uskraćeno ono zadovoljstvo bez kojeg smo i sami ostali: to je ljubomora. ·

Nije potreba za novcem, od koje stari ljudi strepe da bi ih mogla zadesiti jednoga dana, ono što ih ispunja škrtošću, jer poznajemo i takve starce koji su tako bogati da ih slična briga ne može moriti; a sem toga, zašto bi se plašili da će u dubokoj starosti biti lišeni udobnosti života kad ih se i sami svojevoljno odriču kako bi zadovoljili svoju škrtost? Nije to ni želja da zaveštaju što više blaga svojoj deci, jer je neprirodno osećati prema nekome ljubav veću nego prema sebi, a da ne govorimo o škrcima koje niko neće naslediti. Taj porok je, pre svega, posledica godina i staračke ćudi, jer mu se starci prepuštaju s istom prirodnošću s kojom su se predavali zadovoljstvima u mladosti i slavoljublju kad su bili u punoj snazi. Ne treba posedovati ni snagu, ni mladost, ni zdravlje da bi neko bio škrtac. Takođe nije potrebno da se čovek zamara i napreže da bi šteдeo svoje prihode, treba samo ostaviti svoje blago u škrinje i lišiti se svega. To odgovara starcima kojima je, pošto su i oni ljudi, potrebna strast.

Ima ljudi koji su slabo obezbedili i stan, i spavanje, i odeću, a još se slabije hrane, koji na sebi osećaju grubosti godišnjih doba, sami se klone društva ljudi i žive u samoći, koji pate zbog sadašnjosti, prošlosti i budućnosti, čiji je život kao trajno iskupljenje, i koji su tako pronašli tajnu da slede najtrnovitiji put do svoje propasti: to su škrci.

Sećanje na mladost je nežno u dušama staraca; oni vole kraj u kome su proveli tu mladost, a ljudi koje su upoznali u to doba veoma su im dragi; oni još upotrebljavaju po neku reč od onih koje su prve progovorili, drže do starinskog načina pevanja i starinskog igranja; oni veličaju ono što je nekada bilo najtraženije u odevanju i nameštanju kuće, kao i u opremi posluge; oni još ne mogu da negoduju protiv stvari koje su služile njihovim stvarima, koje su bile tako korisne njihovim zadovoljstvima i koje im još uvek žive u pamćenju; kako bi mogli da svemu tome pretpostave nova iskustva i najskoriju modu, u čemu oni ni najmanje ne učestvuju, od čega ništa ne očekuju, što su stvorili mladi naraštaji koji se sada nadmoćno odnose prema starosti?

Staračka aljkavost, kao i prevelika nakinđurenost, povećava broj bora na njihovim licima i još bolje odaju njihovu duboku starost.

I uobražen, i pun prezrenja, i nedruštven je onaj starac koji nema duha.

Starac koji je život proveo na dvoru, koji je razuman i koji dobro pamti, to je blago od neprocenljive vrednosti: pun je iskustva i mudrih izreka; on predstavlja istoriju jednog vremena, ogrnutu u neobične okolnosti o kojima nisu napisane knjige: obučava nas o pravilima ponašanja i običaja, a ta su pravila uvek na snazi pošto su proistekla iz iskustva.

Mladi svet, zbog strasti koje ga zavaravaju, lakše podnosi usamljenost nego stari ljudi.

Fidip, već ostareo, cepidlači oko čistoće i uglađenosti; predaje se malim zadovoljstvima; izveštio se u tome kako treba da se pije, da se jede, da se odmara i da se vežba; on se dosledno pridržava tog malog pravilnika kojim je samoga sebe obavezao, a čiji je cilj da mu pruži sve udobnosti, i ne bi se ogrešio o njega ni po cenu neke ljubavnice, kad bi mu način života omogućio da je ima; pretrpao se suvišnim stvarima koje su mu, malo-pomalo, postale neophodne; tako on umnožava i jača spone koje ga vezuju za život i hoće da mu nestanak sveg onog što mu je preostalo bude još bolniji. Ne plaši li se on smrti?

Gnaton je samoživ, a ljudi za njega kao da ne postoje. Nezadovoljan što za stolom sedi na počasnom mestu, on zaposedne još dva druga mesta; on smeće s uma da je ručak spremljen koliko za njega, toliko i za ostale, prigrabi zdelu i sav pribor; tek pošto proba sva jela, ustremljuje se na jedno; želeo bi da se u jednom trenutku naslađuje svim vrstama; dok jede, koristi se samo rukama; pipka meso, zatim ga premeće, kida, rastrže, i tako se gosti da zvanice, ako žele da jedu, jedu tek ono što je ostalo posle njega; on im priušti sve odvratnosti svog ponašanja pred kojim bi i najgladniji odustali od jela; tečnost i sosovi cure niz njegovu bradu; ako se poslužuje gulašom iz neke zdele, on ga prosipa redom u tuđi tanjir i po stolnjaku, tako da biste ga pronašli po tragu; dok jede, pravi veliku buku, prevrće očima, trpezarija je za njega isto što i staja; čačka zube i nastavlja s jelom. Bilo gde da se nalazi, on zasedne na sebi svojstven način, i ne dozvoljava da se u crkvi ili pozorištu oseća utegnutiji nego kad je kod svoje kuće; kad se vozi kočijama, jedino mu odgovara glavno sedište; na svakom drugom mestu, ako hoćete da mu verujete, pobledi i klone od slabosti; putuje li s više osoba, preduhitri ih pri ulasku u krčmu, te tako najbolju sobu obezbedi za sebe, kao i najbolji smeštaj: sve podvrgava sebi; i njegove i tuđe sluge istovremeno ga služe: sve što mu se nađe pod rukom, pripada njemu, odelo i ljudstvo. On svima pravi neprilike, nikome ne ustupa mesto, nikoga ne žali, zna samo za svoje brige, a to su gojaznost i žuč; on ne plače kad neko umre, plaši se samo svoje smrti, a da nju izbegne, pristao bi na uništenje ljudskog roda.

Kliton je tokom svoga života obavljao samo dve važne stvari, ručak i večeru: kao da je rođen isključivo za varenje. slično ovome, razgovor mu se svodi samo na jedno: nabraja predjela koja su bila poslužena na poslednjem ručku kojem je prisustvovao; nabraja koliko je bilo čorbi i kakve su sve bile; zatim govori o pečenju i međujelima, tačno se seća koja su jela poslužena pri prvom služenju, ne zaboravlja salatu, boće i tanjire; imenuje sva vina i likere koje je probao, on do sitnica poznaje kuvarski rečnik i začinje u meni želju da jedem za dobro postavljenom trpezom, ali gde njega nema; njegov je ukus siguran i nikad ga ne izneveri, stoga nikad nije doživeo tu užasnu nepriliku da pojede neki loš gulaš ili da popije neko osrednje vino: on je jedinstven u svome rodu, jer je veštinu dobre ishrane vinuo do najviše moguće tačke; neće se više roditi čovek koji tako mnogo i tako dobro jede: on takođe ocenjuje koje je jelo dobro, te niko ne sme da voli ono što on ne odobrava. Ali njega više nema, do poslednjeg daha sedeo je za stolom: na dan svoje smrti priredio je gozbu; ma gde se nalazio on jede, a ako se vrati na svet, učiniće to da bi jeo.

Rufen polako sedi; ali još je zdrav, lice mu je očuvano, oko živahno, a sve mu to obećava još dvadeset godina života; on je radostan, *vesele ćudi*, neposredan, miran, smeje se od sveg srca, smeje se sam i bez razloga; zadovoljan je sobom, svojom porodicom, svojim skromnim posedom, govori da je srećan; umire mu sin jedinac, mladi čovek od kojeg su mnogo očekivali i koji je jednoga dana mogao da postane ponos svoje porodice, a on prepušta drugima da plaču nad njim, i sam kaže: »*Moj sin je mrtav, to će ubiti njegovu majku*«, i on je utešen: on nema strasti, nema prijatelja, ni neprijatelja, niko ga ne uznemirava, ceo svet mu je po volji, sve mu odgovara, ovome koga prvi put vidi govori s istom slobodom i poverenjem kao što bi govorio onima koje naziva svojim starim prijateljima, a ubrzo prelazi na svoje neslane šale i anegdote; prilaze mu, napuštaju ga, i on ne obraća pažnju na to, te istu priču koju je započeo jednom čoveku, dovršava onome koji je došao posle ovoga.

N*** je nemoćniji zbog bolesti nego zbog godina, jer još nije prevršio šezdeset osmu; ali kostobolja ga mori, a trpi i bolove u bubrezima, lice mu je ispijeno, koža zelenkasta i nagoveštava mu kraj. Laporom posipa svoje imanje i nada se da sledećih petnaest godina neće morati da ga nađubrava; zasađuje šumarak mladica i očekuje da će mu za manje od dvadeset godina taj isti šumarak pružiti lep hlad. U ulici *** gradi kuću od klesanog kamena, s uglovima pričvršćenim čeličnim klamfama, i tvrdi za tu kuću, kašljući, i nemoćnim glasom, da se nikada neće srušiti; svakodnevno obilazi svoje radionice, držeći za ruku jednog slugana koji mu pomaže, pokazuje svojim prijateljima šta je sve napravio i kaže šta još misli da napravi. On ne gradi za svoju decu, jer ih i nema, niti za naslednike, podlace koji su mu se zamerili: on sve to čini za sebe, a umreće sutra.

Antagoras ima lice koje svi znaju; on je poznatiji svetu nego crkveni vratar ili kameni svetac koji ukrašava veliki oltar: on izjutra obiđe sva odeljenja i sve kancelarije Vrhovnog suda, a uveče ulice i gradska raškršća; on vodi parnice već četrdeset godina, spremniji da umre nego da napusti svoje poslove; u Sudu, za sve te godine, nije bilo nijednog slavnog spora ili dugog i nejasnog postupka u koji se on nije bar malo umešao: ime mu je uvek na usnama advokata, a slaže se s tužiteljem i braniteljem kao što se pridev slaže uz imenicu. Pobratim je sa svima, a na sve strane izaziva mržnju, nema porodice na koju se ne žali i koja se isto tako ne odnosi prema njemu; uvek je zauzet, bilo da pleni zemlju, bilo da zabranjuje prodaju ili kupovinu nekog položaja, bilo da traži vanredno suđenje, bilo da sprovede neku presudu, a pored svega toga svakodnevno obilazi nekoliko udruženja poverilaca; on svuda vodi poslove dužnika za račun poverilaca, uzrok je svih bankrotstava, a preostaje mu vremena i za posete: on je stari posetilac svih salona gde govori o suđenjima i donosi najnovije vesti: rastali ste se s njim u nekoj kući u četvrti Mare, a već ga zatičete u Velikom predgrađu, jer vas je preduhitrio i iznova prepričava vesti i svoj spor; ako se vi ipak parničite, i ako sledećeg dana, u cik zore, odete kod nekog od vaših sudija da ga zamolite da se zauzme za vas, sudija čeka da Antagoras završi posetu, pa tek onda da vas primi.

Poneki ljudi se čitavog života brane od jednih, a istovremeno štete drugima, i dočekaju smrt u dubokoj starosti nanevši isto onoliko zala koliko su i sami pretrpeli.

Oduzimanje zemlje, zaplena nameštaja, zatvori i kazne, sve je to potrebno, priznajem; ali i pored toga što postoji pravda, zakoni i potrebe, uvek se čudim kad vidim s koliko se okrutnosti ljudi ophode jedni prema drugima.

Susrećemo divlje zveri, mužjake i ženke, rasute po polju, crne, pomodrele, ispržene suncem, vezane za zemlju po kojoj riju, i koju prevrću s nepopustljivom tvrdoglavošću; one kao da su obdarene jasnim govorom, a, kad se propnu na svoje noge, pokazuju ljudsko lice, oni u stvari i jesu ljudi; noću se povlače u svoja legla gde žive od crnog hleba, od vode i korenja; one pošteđuju ostale ljude mukotrpnosti sejanja, oranja i žetve, od kojih zavisi život i stoga zaslužuju da ne budu lišene tog hleba koji su same posejale.

Don Fernando je, u svojoj palanci, lenj, neobrazovan, sklon ogovaranju, kavgadžija, podlac, rad preterivanju, neučtiv; ali on je spreman da zbog neke sitnice potegne mač na svoje susede i da izloži svoj život opasnosti; ubijao je ljude, biće ubijen.

Palanački plemić, koji ne koristi ni domovini, ni porodici, ni sebi samom, često bez krova nad glavom, bez odela, bez ikakvog ugleda, po deset puta dnevno ponavlja da je plemić, a one koji nose krzna i sudijske kape smatra građanskim staležom, čitav život provodi među svojim spisima i titulama koje ne bi zamenio ni za ministarski štap.

Uopšte uzevši, ljudi u beskraj kombinuju moć, milost, um, bogatstva, dostojanstva, plemenitost, snagu, umešnost, mogućnost, vrlinu, porok, slabost, glupost, siromaštvo, nemoć, neplemstvo i prostaštvo: sve ove stvari sjedinjene na hiljadu raznovrsnih načina i vezane jedna za drugu u raznim ljudima ostvaruju razne životne uslove i različite položaje. Uostalom, ljudi, znajući jedni drugima i jake i slabe tačke, odnose se uzajamno onako kako je najbolje, poznaju one koji su im ravni, osećaju nadmoć izvesnih ljudi nad sobom, i svoju vlastitu nadmoć nad ostalima; iz svega toga se među njima rađa ili prijateljstvo, ili strahopoštovanje, ili oholost i prezir: to je vrelo jedne pojave po kojoj se, na javnim mestima, i tamo gde se skupljaju ljudi, u svakom trenutku nalazimo između onoga koga želimo da vidimo i pozdravimo i nekoga drugog prema kome se pretvaramo da ga ne poznajemo i koji bi nas, štaviše, rasrdio svojim prilaskom; prvi u nama budi osećanje ponosa, a drugoga se stidimo; a događa se, isto tako, da je onaj koji bi vam svojim prisustvom podigao ugled i koga biste hteli da zaustavite, upravo onaj čovek koga vi dovodite u nepriliku i koji vas napušta; tako se često desi da jedan čovek može biti i onaj koji crveni zbog drugih, i onaj zbog koga se drugi crvene, koji na jednoj strani sve potcenjuje, a kojeg, s druge strane, ostali potcenjuju; ali još uvek je prirodno da preziremo one koji nas preziru, Kakva beda! kako je istinito da zbog jednog tako čudnog odnosa ono što mislimo da smo s jedne strane dobili, gubimo na drugoj, zar ne bismo došli na isto kad bismo odbacili sav prezir i svu oholost koji su tako neprilični jadnom ljudskom rodu, i da se svi skupa složimo da se jedni prema drugima odnosimo s uzajamnom dobrotom, jer bi nam ona, uz tu prednost da nikad ne budemo uvređeni, pribavila jedno isto tako veliko blago, a to je da i sami nikoga ne vređamo.

Daleko do toga da se uplaše ili da pocrvene kad kažemo da su filozofi, svim ljudima na ovom svetu potrebna je filozofija: ona odgovara svima; treba je primenjivati tokom čitavog života, na žene i muškarce, na sve društvene slojeve; ona nas teši pred tuđom srećom, pred nedostojnim pretpostavljanjem, pred neuspesima, pred izmakom naše snage i lepote; ona nas jača u siromaštvu, u starosti, bolesti i smrti, protiv tupoglavaca i drskih podrugljivaca; ona čini život snošljivijim i bez žene i sa ženom koju samo trpimo.

U istom danu ljudi šire svoju dušu malim radostima i prepuštaju se sitnim žalostima; ništa nije tako nestalno i nepovezano kao ono što se za tako kratko vreme odigra u njihovom srcu i njihovom duhu. Lek za to zlo je u tome da se stvari ovoga sveta cene prema njihovoj vrednosti.

Kao što je teško pronaći takvog čoveka koji za sebe misli da je prilično srećan, isto je tako teško pronaći skromnog čoveka koji za sebe misli da je previše nesrećan.

Udes vinogradara, ratnika i kamenoresca sprečava me da se osećam nesrećnim pred srećnim životom kneževa i ministara, koji mi nije suđen.

Najstvarnija nesreća koja može zadesiti čoveka, to je da napravi grešku i da ima nešto zbog čega sam sebi prebacuje.

Većinom su ljudi, da bi ostvarili svoje želje, spremniji na veliki napor nego na dugu izdržljivost: njihova lenjost i njihova nestalnost odnose plod najboljeg početka; oni često dozvole da ih prestignu oni ljudi koji su kasnije krenuli i koji napreduju sporo, ali pouzdano.

Usudio bih se čak da ustvrdim da su ljudi sposobniji da poduzmu potrebne korake nego da ostvare ono što su naumili, da se reše na ono što treba učiniti ili kazati, nego da to zaista i urade: dok se pogađa oko nečega, čovek čvrsto želi da ne kaže ono što ne treba da kaže, a upravo je to ono što mu se prvo otme iz usta, bilo zbog uzbuđenja, bilo zbog toga što ne može da obuzda svoj jezik, ili zbog toga što se zaneo u razgovoru.

Ljudi su nemarni dok obavljaju obavezne poslove, a ponose se i diče ako mogu da se postaraju za tuđe, koji ne odgovaraju ni njihovom položaju ni karakteru.

Kao što se maska razlikuje od lica, tako se čovek, koji se ogrnuo tuđim karakterom, razlikuje od samog sebe.

Telef ima duha, ali, sve u svemu, deset puta manje nego što zamišlja: zato on u svemu što govori, što čini, što razmišlja i snuje, deset puta nadvisuje svoj duh, i tačno je da nikada ne procenjuje svoje snage i mogućnosti: on kao da je zatvoren u neku ogradu, koja bi trebalo da ga opomene da u njoj ostane; ali on je prelazi i baca se van svojih moći: sam otkriva svoje slabe strane, i kroz njih se pokazuje; govori o onome o čemu nema pojma ili što jedva naslućuje; započinje ono što prevazilazi njegove snage, želi više nego što može, poistovećuje se s onim što je najbolje u svakom rodu; on ima dobrih i pohvalnih osobina koje zaklanja oponašanjem veličine i čudesnosti; jasno se vidi ono što

84

on nije; a treba da se odgoneta da bi se saznalo šta on zaista jeste. To je čovek koji nema svoje granice, koji ne poznaje samoga sebe; njegov karakter ogleda se u tome što on ne zna da se zatvori u onaj koji mu pogoduje i koji mu pripada.

Ni najpametniji čovek nije ujednačen; on podnosi i uspone i padove; zanese se, ali brzo klone: u tom trenutku, ako je mudar, malo šta govori, skoro i ne piše, ne pokušava da misli ni da se svidi. Pevamo li kad smo prehlađeni? Ne treba li pričekati da se glas vrati?

Šupljoglavac je *automat*, on je sprava, on je opruga, uteg ga povlači, pokrene, vrti ga uvek u istom smeru i s istom brzinom; on je jednoličan, ne poriče se nikad: ko ga je jedanput video, video ga je u svim trenucima i u svim dobima njegovog života: on nije ništa bolji od vola koji muče i kosa koji cvrkuće; on je stvoren i određen vlastitom prirodom i, usuđujem se da kažem, vlastitom vrstom. Ono što je najskrivenije u njemu, to je duša: ona ništa ne poduzima, ona se ne ispoljava, ona spava.

Šupljoglavac ne umire ili, ako mu se to desi, onako kako mi to podrazumevamo, istina je da on ima koristi od svoje smrti, i da u času kad drugi umiru on otpočinje svoj život; tad njegova duša misli, premišlja, zaključuje, sudi, predskazuje, obavlja upravo one radnje koje do tada nije obavljala; ona se nalazi izbavljena iz gomile mesa gde je bila pokopana bez ikakve svrhe, bez pokreta, bez ijednog pokreta koji bi je bio dostojan; rekao bih skoro da se stidi vlastitog tela i grubih i nesavršenih organa uz koje je bila tako dugo vezana te od svega toga nije ni mogla napraviti ništa drugo do šupljoglavca i budalu; ona postaje ravna velikim dušama, onima koje stvaraju ljude pune pameti i duha. *Alenova* duša postaje isto što i duše velikog KONDEA, RIŠELJEA, PASKALA[39] I LENŽANDA[40].

Lažna uglađenost, koja se ogleda u slobodnim kretnjama, u običajima ili u ophođenju, ne nosi taj naziv zato što je pretvorna, već zato što se ispoljava kroz stvari i prilike koje to ne zaslužuju. Lažna uglađenost koja se ogleda u ukusu i u ljudskoj ćudi, nije takva, naprotiv, samo zato što je pretvorna i neprirodna: *Emilija* vrišti na sav glas zbog neke sitnice koje se, u stvari, ne plaši, a neka druga, iz preterane nežnosti, sva pretrne kad vidi miša i nesvesti se od tuberoza, iako voli ljubičice.

Ko bi bio toliko smeo da izjavi kako će ugoditi svim ljudima? Neki knez, ma kako da je dobar i moćan, da li bi to poduzeo? Neka proba. Neka preuzme na sebe njihova zadovoljstva, neka širom otvori vrata svoga dvora svojim dvoranima, neka ih propusti do svojih odaja, neka im na mestima koja sama za sebe predstavljaju prizor, prikaže nove prizore i neka im omogući raznovrsne igre, koncerte i osvežavajuće napitke, neka tome pridoda bogatu gozbu i svaku slobodu, neka se s njima zabavlja, neka moćnik postane umiljat i neka junačina bude čovečan i nepristupačan; to još nije sve. Ljudima se napokon stuže one iste stvari koje su ih zanosile u početku; napustili bi *božansku gozbu*, a *nektar* bi im s vremenom postao gorak; oni napadaju savršene stvari bez oklevanja; unose u to taštinu i lažnu otmenost; njihov je ukus, ako im verujemo, daleko iznad svake želje da im ugodimo, u kraljevski izdaci ne bi bili dovoljni da se to ostvari; u svemu postoji i pakost koja ide dotle da umanji radost kod onih koji bi hteli da im ugode. Ti isti ljudi, inače laskavci i ulizice, mogu sami sebi da protivreče; katkad ne možemo da ih prepoznamo, a čoveka vidimo čak i u dvoraninu.

Neprirodnost u držanju, u govoru i u ophođenju često proističe iz dokolice ili ravnodušnosti, a izgleda da velika predanost ili ozbiljni poduhvati dovode čoveka u stanje prirodnosti.

Ljudi nemaju karaktera, ili, ako ga imaju, to je tek onaj koji nije dosledan, koji sam sebi ne protivreči i koji im pomaže da se međusobno prepoznaju; oni koji ne mogu da uvek budu isti, da istraju u redu i u razuzdanosti, a ako katkad jednu vrlinu leče drugom vrlinom, još češće im se jedan porok ogadi zbog novog poroka; njihove strasti su suprotne, a slabosti su im protivrečne; lakše im je da idu iz krajnosti u krajnost nego da se dosledno ponašaju; kako mrze umerenost, oni prenagljuju u svemu, i dobrom i rđavom, a kad osete da su preterali, pribegavaju promeni. *Adrast* bejaše takav pokvarenjak i razbludnik, te je bez napora pratio modu i činio se pobožnim; više bi ga stajalo da bude poštenjak.

Kako to da ljudi, koji su spremni da mirno podnesu i najveća stradanja, popuste i prosipaju žuč zbog najmanjih neprilika? Nikakva se mudrost ne ispoljava u takvom ponašanju, jer vrlina je uvek ista i ne dolazi u sukob sa samom sobom: to je, dakle, porok, a koji drugi ako ne taština, koja se budi i javlja samo u onim prilikama u kojima svet ima šta da priča i gde može dosta toga da stekne, a o svemu drugom ne vodi računa?

Retko se kajemo što malo govorimo, a često zato što smo previše rekli: otrcana i svakidašnja izreka koju svi znaju, a koju niko ne primenjuje.

Pripisivati neistine i lagati da bismo ozloglasili naše neprijatelje, to znači svetiti se samom sebi, a koristiti njima.

Kad bi čovek znao da crveni zbog svojih postupaka zar se ne bi poštedeo ne samo onih potajnih nedela već i onih javnih i svima poznatih?

Ako izvesni ljudi u vršenju dobrih dela ne odu toliko daleko koliko bi mogli, to je porok koji vuku još iz dana kad su primili prve pouke.

Neki ljudi poseduju izvesnu osrednjost duha zahvaljujući kojoj izgledaju mudri.

Deci treba prut i kazna; odraslima treba kruna, žezlo, sudijska kapa, profesorske titule, liktorski snop, bubnjevi, dolame. Kad im se skinu ti ukrasi, ni razum ni pravda ne mogu nikoga ni u šta uveriti ni uplašiti: čovek koji je pun duha povodi se za očima i ušima.

Timon, ili Mizantrop, može biti ozbiljan i divljačan, ali se ophodni uglađeno i *ukočeno;* on se ne ispoljava, ne približuje se ljudima; naprotiv, ponaša se prema njima časno i ozbiljno; postavlja se tako da bi izbegao svaku srdačnost, ne želi da ih bolje upozna niti da se sprijatelji s njima, te zbog toga podseća na ženu koja je došla u posetu drugoj ženi.

Razum je jedna vrsta istine; njemu se može prići samo jednim putem, a postoji hiljadu putova da se od njega ode; nauka o mudrosti daleko je sažetija od nauke koja bi proučavala šupljoglavce i drznike. Onaj koji je susretao samo uglađene i razumne ljude, ili ne poznaje čoveka ili ga poznaje tek delimično: ma kako da se razlikujemo po ćudima ili običajima, međuljudski odnosi i uglađenost nas izjednačuju, čine nas sličnim u postupcima koji se uzajamno dopadaju, koji su za sve nas zajednički i zbog kojih se pomišlja da iza njih ništa ne postoji. Naprotiv, čovek koji se baci među ljude ili ode u provinciju, ubrzo će napraviti, ako ima oči, čudna otkrića, videće nove stvari, na koje nije ni pomišljao, kojima se nije ni najmanje nadao; zahvaljujući svom stalnom iskustvu, napreduje u poznavanju ljudi, on zna gotovo na koliko sve načina čovek može biti nepodnošljiv.

Kad ozbiljno izuči ljude i upozna neiskrenost njihovih misli, osećanja, ukusa i ljubavi, čovek je doveden do toga da ustanovi kako im više koristi njihova nestalnost nego upornost.

Kako je mnogo duša koje su slabe, opuštene i ravnodušne, bez nekih velikih nedostataka, a koje bi bile pogodne za satiru! S koliko su smešnih osobina obdareni ljudi, ali koje, zbog svoje izuzetnosti, ne navode na razmišljanje i ne mogu poslužiti vaspitanju i moralisanju! To su jedinstveni neprenošljivi poroci i koji više pripadaju pojedincima nego čovečanstvu.

NAPOMENE

1. Pod imenom *Kapis* Labrijere predstavlja dramskog pisca Edmea Bursoa (1638—1701), jednog od ogorčenih Moljerovih neprijatelja. Glavno mu je delo *Galantni Merkur*.

2. Dominik Buhur (1628—1702), jezuita, francuski gramatičar i kritičar.

3 Rože de Bisi-Rabiten (1618—1693), blistav duh, književnik i rođak gospođe de Sevinje.

4. Kramoazi je ime jedne porodice koja se bavila izdavačkom delatnošću.

5. Gez de Balzak (1597—1654), francuski pisac, veoma zaslužan za razvoj francuskog jezika. Pored *Pisama* poznata su mu dela *Sokrat hrišćanin* i *Aristip*.

6. Vensan Voatir (1597—1648) pesnik, član Francuske akademije.

7. Terencije (194-159 pre n. e.) rođen u Kartagi, oslobođeni rob i veliki rimski komediograf.

8. Fransoa de Malerb (1555—1628), veliki francuski liričar, koji je veoma doprineo razvoju francuskog jezika i versifikacije, i koji je izvršio veliki uticaj na pesnike i književnike klasičnog perioda.

9. Teofil de Vio (1590—1626), francuski pesnik, hugenot, osuđivan na smrt, tvorac *Pirama i Tizbe* i mnoštva lirskih pesama.

10. Pjer de Ronsar (1524—1585), veliki francuski pesnik, jedan od osnivača i teoretičara, sa Žoašemom di Beleom, Plejade, autor speva *Fransijada* i velikog broja kraćih pesama, pretežno soneta, kojima je stekao besmrtnost.

11. Kleman Maro (1495-1544), francuski pesnik u službi Margerite od Angulema i Fransoa I, duhovit i ljubak pisac koji se proslavio svojim kraćim komadima, baladama, rondoima, epigramima.

12. Remi Belo (1528—1577) jedan od pesnika iz Plejadinog kruga.

13. Etjen Žodel (1532—1573) dramski pisac i pesnik, pripadao je Plejadi.

14. Gijom di Bartas (1544—1590), pesnik, tvorac velikog speva *Stvaranje sveta*.

15. Onora de Rakan (1589—1670), francuski pesnik, pripadao je krugu pesnika okupljenih oko Malerba, autor mnogih lirskih dela.

16. Fransoa Rable (1495—1553), benediktinac, lekar, profesor anatomije, ali pre svega čuveni pisac, autor nadaleko poznatog dela *Gargantua i Pantagruel*.

17. Mišel de Montenj (1533—1592) tvorac čuvenih *Eseja*, u kojima je ostavio sliku vlastitog života i celokupnog društva.

18. Žak Amijo (1513—1593), prevodilac Plutarha i Longina, koji je, zahvaljujući svojim prevodima, mnogo doprineo razvoju francuskog jezika XVI stoleća.

19. Nikola Kefto (1574—1623), marsejski biskup, pisac *Rimske istorije*.

20. Pod kraticom G**H** Labrijer podrazumeva Bursoovu dramu *Galantni Merkur*.

21. Amfion, mitski mužičar, sin Jupitera i Antiope. Pod njegovim imenom Labrijer verovatno predstavlja italijanskog kompozitora Lilija (1623—1687), koji je u to vreme bio glavni organizator pariskog muzičkog života.

22. *Penelopa*, tragedija opata Ženea.

23. Lov na vodi, čarolija Stola i čudo Lavirinta su svečanosti koje je, na svome imanju u Šantiju, u čast dofena priredio Gospodin princ, otac Labrijerovog učenika.

24. Pjer de Kornej (1606—1684), rođen u Ruanu, utemeljivač dramske umetnosti u Francuskoj. Najznačajnije su mu tragedije: *Sid, Horacije, Sina, Polijekt*.

25. Žan Rasin (1639—1699), veliki francuski dramski pisac, učenik Por-Roajala, prijatelj Boalov. Za razliku od Kornejevih tragedija, koje su ispunjene *višim* osećanjima kao što su čast, odgovornost, dužnost, Rasinove tragedije slikaju neobuzdane strasti. Glavna su mu dela: *Andromaha, Britanik, Ifigenija, Fedra, Atalija*.

26. Sofokle (497—405 pre n. e.) slavni grčki tragičar, autor *Antigone, Elektre, Filokteta* i *Edipa*.

27. Evripid (480—406 pre n. e.) s Eshilom i Sofoklom najveći grčki tragičar, tvorac *Medeje, Ifigenije na Aulidi* i *Ifigenije na Tauridi, Elektre, Bahantkinja*.

28. Horacije (65—8 pre n. e.) slavni rimski pesnik tvorac *Pesničke umetnosti*.

29. Nikola Boalo-Depreo (1636—1711), francuski pesnik i teoretičar. Pored *Satira*, najpoznatije mu je delo *Pesnička umetnost*. Prijatelj Molijerov, Rasinov i Lafontenov.

30. Voštane kugle su služile ženama da, zbog mode, izgledaju oblih obraza.

31. Roskije (Roscius, umro 62. pre n. e), rimski glumac, prijatelj Ciceronov.

32. P. T. S. je kratica za *partisans*, kako su se zvali službenici koji su skupljali porez za kralja i tako se bogatili.

33. Žan Fokone, vrhovni poreznik svih francuskih pokrajina.

34. Rene Dekart (1596—1650), francuski filozof i matemaričar, utemeljivač moderne filozofije. Tvorac *Rasprave o metodi i Metafizičkih meditacija*.

35. Poslanici koji su dolazili pred sijamskog kralja morali su da pred njim hodaju na kolenima i da se klanjaju. Takav pozdrav zvao se zombej.

36. Zenobija, kraljica Palmire, koja je posle smrti svoga muža otpočela rat protiv Rimljana. Pobedio ju je imperator Aurelije.

37. Fidija, najveći grčki vajar.

90

38. Zeuksis (464—398 pre n. e.) grčki slikar.
39. Blez Paskal (1623—1662), francuski fizičar, filozof i pisac. Autor poznatih *Misli*.
40. Klod de Lenžand, jezuita, veliki propovednik XVII stoleća.

Napomene sastavila Ljiljana Prošić

LABRIJER

One koji u nekoj sudbini rado i pažljivo tragaju za pravim početkom, za drugim rođenjem, za prekretnim trenutkom koji postoji u životu svakog umetnika, Labrijerova će sudbina, sva lišena nepredviđenog i skoro u potpunosti samo *iznutra* preživljena, poučiti da je ovog vrsnog čoveka uzaludno tražiti pre njegove četrdesete godine. Zalutali bi u oblast svakodnevnih sudbina. Labrijerovo drugo rođenje, možemo reći, odigralo se ne na tom starom i dan-danas prekrasnom ostrvcetu Site, 1645. godine, već onoga dana kad je uz pomoć Bosijea postao učitelj mladog vojvode Burbonskog, unuka Velikog Kondea. Tu je sagledao svet u pravoj i okrutnoj svetlosti koju je dvor rasipao u oči jednog intelektualca lišenog visokih titula i koji se iznad građanske i plemićke sredine uzdigao isključivo svojim duhom i osećajnošću koja nagoveštava umetnika.

Mi ne poznajemo Labrijerov Šantiji. Ono što je danas pristupačno svakom posetiocu svedoči o Kondeovoj moći: dvorac, veoma očuvan, s vodama i parkovima, galerija-muzej, portreti, ne oni Labrijerovi, živi, u pokretu, već sleđeni osmeh sa zidova. Da je, nekim slučajem, Labrijer naš savremenik (što i nije tako teško zamisliti), taj isti Šantiji stvorio bi od njega pesnika. Umesto toga rođen je posmatrač. Ne toliko izuzetan, koliko svoj, svestan svoje duhovne nadmoći u sredini gde se prave vrednosti najmanje cene. Uvek pomalo po strani, zbog preglednosti, nenametljiv, ponekad odbačen, tih i ozlojeđen. Najzad, i njegov pogled, koji pleni sa starih gravira kao pogled čoveka koji je saznao, ne malo iznenađen. Pogled širom otvoren.

Ono što je, na samom početku, izazvalo istinsku radoznalost bio je upravo taj pogled. Nije potrebno zadržati se na njemu, on se zadržava na vama, hteli vi to ili ne hteli: u tome je sva njegova savremenost. Labrijer nije slikar samo svog vremena, uprkos rastojanju koje nas od njega deli, stoga ne možemo da se složimo s Rolanom Bartom da je njegova istina *drugde*. Iza svakog lika u koji je taj veliki majstor stila utkao pokret, leži razotkriven čovek, *ono* što svako od nas nosi u sebi i brižljivo skriva: iza maske, veoma otmene i uglađene, tog zatvorenog i salonskog društva sedamnaestog veka ogleda se ono bitno, neprolazno — taština, oholost, pohlepa. Sve što je Lafonten doživeo kroz carstvo životinja, iskrsava pred Labrijerom u sjajnoj dvorskoj uskomešanosti u kojoj nije učestvovao. Odatle potiče gorčina. Gorčina gordog posmatrača, sve svesnijeg laži koja ga okružuje. Šantiji, Fontenblo, Versaj . . . ista ona sredina koja je bila kolevka *Basni* i Larošfukoovih *Maksima*. Ali, neposredniji od Lafontena i objektivniji od Larošfukoa, čiji je pesimizam proistekao iz uskog i unapred utemeljenog stava, te stoga ne propušta ni tračak svetlosti, Labrijer već na početku, ma kakva da je njegova osveta, prašta ljudskom rodu. Njegov cilj je da pouči: »Filozof provede svoj život u posmatranju ljudi, on se koristi svojim duhom da bi raspravljao o njihovim porocima i smešnim stranama... Ali on im odbacuje sve pohvale koje nije tražio svojim radom i bdenjima; on usmerava na više svoje namere i radi u smislu jednog uzvišenijeg cilja; on traži od ljudi veću i ređu slavu nego što su to hvale, pa i nagrade, a to je da ih učini boljima.«

Karaktere treba listati i čitati kao ispovest, ma kakav da je, na društvenom planu, pretrpljeni poraz čoveka koji nije žudeo za bogatstvom i prolaznim vrednostima: »kad vidim neke ljude koji su me nekoć preticali u poklonima kako sad, naprotiv, čekaju da ih ja pozdravim...« Iako gorak i katkad prkosan, njegov se osmeh (u ime svih ljudi, jer Labrijer uglavnom slika opšta mesta) pretače u iskusan i dobroćudan osmeh. Karakteri nastaju postepeno. Misli, primedbe, portreti, sve se to niže u prividnom neredu: osvetljavaju iz najintimnijeg ogorčenja ono što se ne može prećutati — sjaj i siromaštvo, taj raskorak koji ukazuje na budućnost. Labrijer veoma vešto kaže ono što misli, što vidi: »manje ili više od hiljadu livri ispisano je na licima«, pa ipak je njegova pobuna samo jedno neslaganje, iako duboko i stvaralačko. Za nas je, pre svega, njegovo delo svedočanstvo jednog vremena, ali, isto tako, i opomena: uhvaćeni smo u takav snop svetlosti koja nas zaslepljuje i prozire. Zar je potrebno i pitati ko se krije iza kog imena?

Vraćam javnosti ono što sam od nje posudio, kaže Labrijer u svome predgovoru i, u najvećoj skromnosti, iza prevoda Teofrastovih Karaktera, pojavljuju se Karakteri ili naravi ovoga veka. Godina 1688. Dug koji je nesumnjivo stigao u pravi čas nije ostao bez odjeka. Ista godina donosi tri izdanja, a u narednim godinama pojavljuje se bar po jedno prošireno izdanje. Nepotrebno je pitati kakva je radoznalost uzburkala duhove Labrijerovih savremenika, niti žaliti što ova izvanredna knjiga sve do danas nije našla svoje prave čitaoce. Ona i pored toga ostaje neprocenljivo blago i čuva svežinu otkrića: kao kakav retki dragulj zaboravljen na tavanu, ona otkriva čitav jedan svet i živi zajedno s nama. Ništa u njoj ne predstavlja potpunu novinu. To je mudrost koju smo nasledili ili stekli. Nešto što smo, ne prihvatajući, mogli da čujemo od starijih roditelja. Nešto što se, najzad, budi s nama, prirodno kao deo naše vlastite istine i što, bez sumnje, nećemo odbiti.

Sve je rečeno, složićemo se s tim. Ali pred starim problemom čoveka iskrsao je nov čovek. To više nije bio ni Paskal, ni Larošfuko, čak ni Montenj, uprkos izvesnim podudarnostima: rođen je nov duh, iskra se rasplamsala i sve je iznova nastalo. Čitavo iskustvo o ljudima, dugogodišnje naprezanje da ih shvati i, najzad, razočaranje, sažeto u šesnaest poglavlja iz kojih nije izostala ni svesna žaoka u trenucima kad je, možda, najmanje očekujemo. Satirična oštrica, obično na kraju izvanredno vešto zaobljene misli, koja na taj način dobija svu težinu kojom nas munjevito probija i ispunjava opreznošću, raspršena nestaje, isto onako kako je i došla, ustupajući mesto nekoj neprolaznoj tuzi ili kratkotrajnom smešku.

Labrijerov stil je jednostavan. Tu život nije samo prepričan, već doživljen kroz zamišljeni dijalog, kroz monolog u koji nas uvlači tako neosetno da je samo odupiranje izlišno: iza najobjektivnijih konstatacija diše čovek koji se opravdano ne slaže, i to nas ne može ostaviti ravnodušnima. Evo primera: »Bežite, sklanjajte se: niste dovoljno daleko. Ja sam, kažete, pod drugim podnevkom: provucite se ispod pola i prečite na drugu poluloptu; popnite se na zvezde ako možete. Evo me. Odlično, sad ste bezbedni: primećujem na zemlji jednog lakomog, nezasitog, neumitnog čoveka koji želi, po cenu svega što mu se ispreči na putu, i što susretne, i ma koliko to platili drugi, da samog sebe obezbedi, da uveća svoje bogatstvo i da živi u izobilju.« Takvog čoveka je nemoguće izmeniti. Svest o tome i suviše je jasna: preostaje jedino poruka samome sebi: »Potrebno je smejati se pre nego ostvarimo sreću, iz straha da ne umremo ne nasmejavši se.«

Najvažnije, čini nam se, što bi trebalo da se kaže za Labrijera je to da je dobrota, ili težnja za dobrotom u svetu, pokretač svih njegovih postupaka. Pažljivi čitač će ovu tvrdnju naći potkrepljenu na mnogim stranicama njegovog dela. Mi mu dajemo i jednu anegdotu, koju Ten navodi u *Kritičkim esejima* i koja nam se čini više nego verovatna: »Dolazio je skoro svakodnevno da posedi kod jednog knjižara po imenu Mišale, gde je prelistavao najnovija izdanja, zabavljajući se s jednom ljupkom devojčicom, knjižarevom kćerkom, s kojom se sprijateljio. Jednog dana izvuče iz džepa neki rukopis i reče Mišaleu:
— Da li biste hteli da odštampate ovo? (To su bili *Karakteri*.) Ne znam da li ćete na ovome zaraditi; ali, ako knjiga doživi uspeh, sav prihod pripašće mojoj maloj prijateljici.«

Tako je jedna mlada devojka neočekivano dobila veliki miraz. A mi?

Ljiljana PROŠIĆ

SADRŽAJ

RAD, Beograd, Moše Pijade 12 • Nacrt za korice: Janko Krajšek • Štampa:
»DELO«, Titova 35, Ljubljana